Discurso de Metafísica

Dados Internacionais de Catalogação na Publicação (CIP)
(Câmara Brasileira do Livro, SP, Brasil)

Leibniz, Gottfried Wilhelm, 1646-1716.
  Discurso de metafísica / G.W. Leibniz ; tradução Gil Pinheiro. — São Paulo : Ícone, 2004. — (Coleção fundamentos de filosofia)

  Título original: Discours de métaphysique
  ISBN 85-274-0802-3

  1. Filosofia alemã 2. Leibniz, Gottfried Wilhelm, 1646-1716 3. Leibniz - Metafísica 4. Metafísica I. Título. II. Série.

04-6649   CDD-149.7

Índices para catálogo sistemático:
  1. Leibnizianismo : Filosofia   149.7

G. W. LEIBNIZ

Discurso de Metafísica

Tradução:
GIL PINHEIRO

Apresentação:
José Carlos Orsi MOREL

Ícone editora

© Copyright 2004
Ícone Editora Ltda.

Título Original
Discours de Métaphysique

Tradução
Gil Pinheiro

Apresentação
José Carlos Orsi Morel

Diagramação
Andréa Magalhães da Silva

Revisão
Rosa Maria Cury Cardoso

Proibida a reprodução total ou parcial desta obra, de qualquer forma ou meio eletrônico, mecânico, inclusive através de processos xerográficos, sem permissão do editor
(Lei nº 9.610/98).

Todos os direitos reservados pela
ÍCONE EDITORA LTDA.
Rua Lopes de Oliveira, 138 – 01152-010
com Rua Camerino, 26 – 01153-030
Barra Funda – São Paulo – SP
Fone/Fax: (11) 3666-3095
www.iconelivraria.com.br
e-mail: editora@editoraicone.com.br
iconevendas@yahoo.com.br

Sumário

Apresentação – G. W. Leibniz: escorço de sua vida e obra, 9

I. *Da perfeição divina e que Deus faz tudo da maneira mais desejável*, 35

II. *Contra os que sustentam não haver bondade nas obras de Deus, ou que as regras da bondade e da beleza são arbitrárias*, 36

III. *Contra os que crêem que Deus poderia ter feito melhor*, 38

IV. *Que o amor de Deus demanda plena satisfação e aquiescência para com tudo o que Deus faz, sem que por isso se deva ser quietista*, 40

V. *Em que consistem as regras de perfeição da conduta divina e como a simplicidade das vias se equilibra com a riqueza dos efeitos*, 42

VI. *Que Deus não faz nada fora de ordem e nem sequer é possível imaginar acontecimentos que não sejam regulares*, 44

VII. *Que os milagres são conformes à ordem geral, ainda que contrariem as máximas subalternas, e do que Deus quer ou permite por vontade geral ou particular*, 46

VIII. *Para distinguir as ações de Deus e das criaturas, explica-se em que consiste a noção de substância individual*, 48

IX. *Que cada substância individual exprime o universo todo a seu modo, e que sua noção já encerra tudo o que lhe acontecerá, as circunstâncias destes acontecimentos e a sucessão das coisas externas,* 50
X. *Que a crença nas formas substanciais tem algo de sólido, embora essas formas nada alterem nos fenômenos nem devam ser usadas para explicar os efeitos particulares,* 52
XI. *Que as meditações dos teólogos e filósofos ditos escolásticos não são de desprezar totalmente,* 54
XII. *Que as noções que consistem na extensão encerram alguma coisa de imaginário e não poderiam constituir a substância dos corpos,* 55
XIII. *Como a noção individual de cada pessoa encerra de uma vez por todas tudo o que lhe acontecerá, nela também se vêem as provas* a priori *da verdade de cada acontecimento, ou a razão pela qual aconteceu um e não outro, mas essas verdades, embora certas, não deixam de ser contingentes, estando fundadas no livre-arbítrio de Deus ou das criaturas, cuja escolha tem sempre razões que inclinam sem obrigar,* 56
XIV. *Deus produz substâncias diversas segundo as diferentes perspectivas que tem do universo e, por intervenção de Deus, cada substância é de natureza tal que o que acontece a uma tem correspondência com o que acontece a todas as demais, sem que no entanto isto implique que umas ajam imediatamente sobre as outras,* 60
XV. *Que a ação de uma substância finita sobre outra consiste tão-somente no aumento do grau de sua expressão acompanhado da diminuição do grau de expressão da outra, porquanto Deus as obriga a acomodar-se entre si,* 63
XVI. *Que a intervenção extraordinária de Deus está compreendida no que nossa essência exprime, pois esta expressão se estende a tudo, mas ultrapassa as forças de nossa natureza ou expressão distinta, que é finita e segue certas máximas subalternas,* 65

XVII. Exemplo de uma máxima subalterna ou lei da natureza. Onde se demonstra, contra os cartesianos e vários outros, que Deus conserva sempre a mesma força, mas não a mesma quantidade de movimento, 67

XVIII. A distinção da força e da quantidade de movimento é importante, entre outras coisas, para julgar a necessidade de recorrer as considerações metafísicas independentes da extensão a fim de explicar o fenômeno dos corpos, 70

XIX. Da utilidade das causas finais na física, 72

XX. Notável passagem de Sócrates, em Platão, contra os filósofos excessivamente materialistas, 74

XXI. Se as regras mecânicas dependessem exclusivamente da geometria, sem a metafísica, os fenômenos seriam totalmente outros, 77

XXII. Conciliação de duas vias, pelas causas finais e pelas causas eficientes, para satisfazer tanto os que explicam a natureza mecanicamente como os que recorrem às naturezas incorpóreas, 79

XXIII. Para voltar às substâncias imateriais, explica-se como Deus atua no entendimento dos espíritos e se sempre se tem a idéia do que se pensa, 82

XXIV. O que é um conhecimento claro ou obscuro; distinto ou confuso, adequado e intuitivo ou supositivo; e uma definição real, causal, essencial, 84

XXV. Em que caso nosso conhecimento se une à contemplação da idéia, 86

XXVI. Que nós temos em nós todas as idéias; e da reminiscência de Platão, 87

XXVII. Como nossa alma pode ser comparada a tábuas vazias, e como as nossas noções vêm dos sentidos, 89

XXVIII. Deus é o único objeto imediato de nossas percepções que vive fora de nós; e só ele é a nossa luz, 91

XXIX. No entanto pensamos, imediatamente, por nossas próprias idéias, e não pelas de Deus, 93

XXX. Como Deus inclina nossa alma sem a obrigar; que não temos o direito de nos queixar, e que não é necessário perguntar por que Judas peca, mas por que o pecador Judas tem preferência na existência a outras pessoas possíveis; e dos graus da graça, 94

XXXI. Dos motivos da eleição, da fé prevista, da ciência média, do decreto absoluto; e de que tudo se resume à razão pela qual Deus escolheu para a existência uma pessoa, entre outras possíveis, cuja noção encerra uma sucessão de graças e ações livres – o que põe fim a todas as dificuldades de uma vez, 97

XXXII. Utilidade destes princípios em matéria de piedade e de religião, 100

XXXIII. Explicação da união da alma e do corpo que se tinha por inexplicável e milagrosa e da origem das percepções confusas, 102

XXXIV. Da diferença entre os espíritos e as outras substâncias, almas ou formas substanciais; e que a imortalidade a que se aspira demanda memória, 104

XXXV. Excelência dos espíritos e que Deus lhe dá preferência às demais criaturas. Que os espíritos exprimem mais Deus do que o mundo, e as outras substâncias, mais o mundo do que Deus, 106

XXXVI. Deus é o monarca da mais perfeita república composta e de todos os espíritos, e a felicidade desta cidade de Deus é seu principal desígnio, 108

XXXVII. Jesus revelou aos homens o mistério e as leis admiráveis do reino dos céus e a grandeza da suprema felicidade que Deus prepara para os que o amam, 110

Apresentação

G.W. LEIBNIZ:
escorço de sua vida e obra

José Carlos Orsi MOREL

I

O CONHECIDO PINTOR HOLANDÊS Rembrandt H. van Rijn (1606-1669) é tido como um dos mestres do barroco, um gênio do "chiaroscuro" e um dos melhores retratistas da pintura ocidental; seu profundo conhecimento dos movimentos e posturas do corpo, dos gestos e da fisiognomia fazem com que suas imagens, sejam elas óleos, desenhos ou gravuras, exprimam uma variedade de níveis e estados psicológicos jamais conseguidos por outro artista. Sua profunda preocupação com a humanidade, mesmo nos aspectos mais comezinhos, foi uma fonte de inspiração para muitos outros da sua e das pósteras gerações e é esta mesma agudeza psicológica, esta simpatia pelo ser humano comum, que fazem com que seu trabalho seja universalmente compreendido e apreciado. Uma de suas pequenas obras, conhecida como "O Pensador" ou "O Filósofo" representa um homem já avançado na maturidade, de longas barbas, em um canto a cismar de braços cruzados, com muito recolhimento, sisudez e um toque de melancolia... Diríamos que esta é a própria imagem que o Barroco e o Classicismo fazem do sábio: um homem isolado, acabrunhado pelo peso das questões de alta indagação que o assoberbam e sobre as quais medita, isolado do mundo e de seus contemporâneos; esta imagem, devidamente matizada, caberia a alguns dos pensadores do século XVII, como Pascal ou Spinoza, mas seria totalmente desajustada ao ser aplicada à pessoa de G.W. LEIBNIZ.

A vida de Gottfried Wilhelm Leibniz (1646-1716) estende-se pela segunda metade do século XVII e é a vida de um polímata eruditíssimo, preocupado com elevadas questões teóricas no campo da Lógica, da Matemática e da Filosofia, bem como com a prática da Jurisprudência e da Historiografia e, ao mesmo tempo, é a vida de um homem prático, engenheiro, geólogo, diplomata astuto e cabalador pelos interesses da casa de Hanover e por seus próprios, profundamente envolvido com a política européia de então, tratando com Luís XIV, o Rei-Sol (1638-1715) – praticamente seu contemporâneo – e com Pedro o Grande, Tsar de Todas as Rússias. Cortesão ávido de benefícios é ao mesmo tempo propugnador pela paz européia e pelo princípio de tolerância religiosa. Luterano de nascença e crença sonha reconstruir a aliança entre o Papa e o Imperador Germânico, como eixo da futura organização política européia e acaba por pregar uma religião natural contrária aos dogmas, padres e pastores. Avesso à Universidade, torna-se um semeador de Academias científicas e seus escritos, embora volumosos, são muito pouco sistemáticos, registrando as suas principais contribuições em cartas e opúsculos geralmente redigidos em *francês* ou *latim*, embora ele, como tentaremos mostrar ao longo deste escrito, seja propriamente um pensador alemão dos pés à cabeça. Tido como pensador racionalista, nem por isso deixa de se interessar, como outros seus contemporâneos, pela Alquimia e pela "Fama Fraternitatis" de Andrae, dizendo alguns que foi membro da Sociedade Rosa-Cruz. Nosso filósofo, enfim, é um personagem bastante romanesco, quando comparado à maioria dos pensadores modernos...

Leibniz nasce em Leipzig a 1º. de julho de 1646, de uma família de juristas; sua família é luterana convicta e muito piedosa. Seu pai morre em 1652 e ele é educado na tradicional escola Nicolai, mas lhe é deixada muita liberdade de estudo, de modo que ele logo se transforma em um autodidata na copiosa biblioteca paterna, apaixonando-se sucessivamente pelas belas letras, por lógica e pela teologia escolástica. Na Páscoa de 1661 ele matricula-se na Universidade de Leipzig para estudar Direito, tendo como mestre Jacopus Thomasius, lá lê Gassendi (1592-1655) e entra também em primeiro contato com o pensamento de homens que estão revolucionando a Filosofia e a Ciência de então: Francis Bacon (1561-1626); Galileu Galilei (1564-1642)[1];

---

[1] Galileu, então recentemente falecido e depois de ásperas polêmicas com os escolásticos, é perseguido na velhice pela Inquisição, obrigado a abjurar sua defesa do movimento da Terra e vê suas obras postas no Index – do qual sairiam oficialmente somente em 1963 – (é bom lembrarmos disto para aqueles que vêem apenas rosas e piedade em *qualquer ortodoxia de cunho religioso*). Hoje o sabemos pelos documentos secretos do Vaticano que tal perseguição não foi motivada pelo fato dele ter defendido o sistema copernicano, como a sentença da Inquisição aparentemente nos faz crer, mas sim por ter sido valente e lúcido defensor do *atomismo* de Demócrito e de Gassendi, do método observacional e da aplicação sistemática de métodos matemáticos ao estudo da natureza, contra a física das qualidades de Aristóteles e a metafísica tomisto-jesuítica de Suarez, ou seja, por defender um ponto de vista que derrocava na prática toda a cosmovisão construída e defendida ardorosamente pela Igreja por mais de oito séculos e que se via então ameaçada pelo espírito pagão da Renascença e pela Reforma Protestante. Os jesuítas de então (cuja ação "educativa" – não obstante o que dizem muitos "intelectuais" brasileiros – até o final do século XVIII seria tão pornograficamente desastrosa em termos mundiais, a ponto de fazer a Sociedade de Jesus

Thomas Hobbes (1588-1679) e René Descartes (1596-1650), fundador da filosofia moderna, francês e muito católico, mas exilado na Holanda por temor às perseguições eclesiásticas à sua filosofia. Pode-se dizer que estes homens são seus verdadeiros *mestres*, que irão inspirar-lhe as primeiras reflexões e que o formarão. Leibniz é também contemporâneo de outros filósofos e cientistas importantes do período, com os quais mais tarde vai se relacionar, dialogar ou polemizar mais diretamente: Blaise Pascal (1623-1662), Baruch de Espinosa (1632-1677), John Locke (1632-1704), Girard Desargues (1591-1661)– o inventor da moderna geometria projetiva –, os físicos Christiaan Huyghens (1629-1695) e Robert Boyle (1627-1691) e por fim Isaac Newton (1642-1727), com quem manterá áspera polêmica sobre a questão de prioridades na descoberta do Cálculo Diferencial.

Na Universidade de Leipzig, Leibniz inicialmente se bacharela em artes em maio de 1663 com uma dissertação denominada *De Principio Individui*. Este prazo bastante curto, mesmo para a época, denota a solidez de seus estudos preparatórios. Nesta sua dissertação inaugural, baseada parcialmente

---

ser banida da maioria dos países europeus) arvoravam-se em campeões da Contra-Reforma, disputando aos tradicionais dominicanos o zelo inquisitorial e buscando influenciar, pela educação da infância, pelo monopólio do confessionário, pelo uso de uma pedagogia conformista que privilegia o uso da memória e a submissão ao parecer da autoridade ao invés do desenvolvimento do pensamento crítico e do livre exame, pela introdução dos famigerados "diretores espirituais" e pela prática sistemática de intrigas e cabalas diversas, o cotidiano e o proceder de todas as camadas sociais, bem como os atos dos governos. Parafraseando Proudhon, em uma carta a Sainte-Beuve na qual ela acusa o recebimento, agradece e analisa algumas passagens da obra que este último lhe envia sobre Port-Royal, o jesuitismo ao longo do século XVII tende aceleradamente a transformar-se em uma espécie de lamaísmo católico, com vistas a dominar teocraticamente toda a vida social, intelectual e política do Ocidente.

no nominalismo luterano e que enfatiza o valor existencial do indivíduo, pode-se já perceber um pequeno embrião da sua futura *mônada*. Depois de seu bacharelado e seguindo um hábito alemão bastante arraigado, muda de Universidade e passa um semestre em Iena, seguindo os cursos de Matemática de Weigel. Volta então para Leipzig, onde prossegue seus estudos de Jurisprudência na Universidade e, concluindo-os em 1666, vê aí rejeitada sua tese de doutoramento, fato que o faz abandonar Leipzig para sempre. Dirige-se então à cidade livre de Nüremberg, onde, na Universidade de Altdorf, consegue o grau de doutor em Direito, com a tese *De Casibus Perplexis* no mesmo ano de 1666; esta Universidade oferece-lhe uma cátedra, mas ele recusa. A partir de então, Leibniz realizará toda a sua carreira fora do ambiente universitário, quando não em aberta oposição a ele.

Sua estadia em Iena o estimula a ler as obras do filósofo catalão medieval Ramón Llull (1235-1316) e as obras curiosíssimas de Athanasius Kirschner e a envolver-se com as especulações sobre o "saber universal"[2]; destas especulações e de

---

[2] O leitor certamente saberá que Ramon Llull, filósofo, teólogo e alquimista inspirado pelas tradições místicas dos sufis árabes e pela Cabala hebraica, é o primeiro a introduzir na Europa o problema do saber universal concebido enquanto um método para se extrair novos conhecimentos sobre qualquer tema, à partir de uma espécie de Mnemotécnica ou Cálculo simbólico que se preocupa com o modo correto de se agregar as proposições verdadeiras já conhecidas em tabelas universais de modo a poder "compor" assim, sistematicamente, novos conhecimentos. Este procedimento, que ficou conhecido como *Ars Lullianna* vai gerar muito interesse e polêmica durante o final da Idade Média e o Renascimento acabando por cair no desuso a partir do momento da construção da ciência moderna. A *Ars Lullianna* interessará muito a Giordano Bruno, mas não sabemos se Leibniz o leu. Athanasius Kirschner por sua vez, espírito muito ligado por sua produção intelectual a todo o ambiente da Magia Natural do Renascimento utilizará os procedimentos lullianos para tentativas bizarras como reconstruir a planta da Arca de Noé e para

seus estudos matemáticos resultará a publicação, ainda no ano de 1666 da *Ars Combinatória* que é o primeiro escrito lógico de Leibniz e que representará um primeiro passo em toda uma importante vertente de seu pensamento. A *Ars Combinatória* é, por um lado, um escrito matemático sobre um tema que começa a chamar a atenção dos pesquisadores: a contagem do número de combinações e de arranjos possíveis entre diversos elementos, tema hoje incorporado à Teoria dos Conjuntos e à Teoria dos Números sob o nome de *Análise Combinatória*. Estes estudos já tinham chamado a atenção de Pascal, levando-o à descoberta do famoso "triângulo de Pascal", e já tinham proporcionado os primeiros estudos sobre o Cálculo das Probabilidades; Leibniz, ao se debruçar sobre o assunto vai lhe conferir entretanto um cariz estranhamente *moderno*: trata-se de formular modelos para qualquer espécie de raciocínio ou de descoberta, verbais ou não, através da redução destes raciocínios à combinação ordenada de seus elementos, tais como números, cores, palavras, sons, etc.: em suma, um procedimento lógico análogo aos que hoje utilizamos nos computadores digitais. Esta *lógica da invenção*, neste momento ainda bastante embrionária e desde já associada às questões de *probabilidade*, vai desenvolver-se em escritos posteriores até transformar Leibniz em um dos precursores da moderna Lógica Matemática.

---

obter uma "tradução" dos hieróglifos egípcios, que teoricamente permitiria o acesso ao tesouro sapiencial dos antigos. Note o leitor que, embora já conquistado pelo racionalismo, Leibnitz nesta empreitada se mostrará um continuador da filosofia alemã de Nicolau de Cusa e de Meister Eckart, na sua busca pelo lado místico do conhecimento. Seria interessante igualmente uma comparação deste procedimento leibniziano com as empreitadas dos iluministas místicos seus contemporâneos como Michael Mayer e o seu célebre *"Atalanta Fugiens"* que C.G. Jung retomou, como ilustração sobre suas teorias sobre a Psicologia Profunda, no terceiro tomo de seu *"Misterium Conjuctionis"*. Infelizmente não há espaço, nestas notas, para tais desenvolvimentos.

Em Nüremberg no começo de 1667, ele conhece o barão de Boyneburg, um dos mais importantes estadistas alemães da época. O barão o toma ao seu serviço e a partir de então a carreira de Leibniz dá uma guinada inesperada e definitiva: será doravante secretário, cortesão e/ou diplomata a serviço de algum dos príncipes do Sacro Império. É Boyneburg quem o introduz na Corte do Arcebispo de Maiença, Johann Philipp von Schönborn, que é, por seu posto, também um dos Príncipes Eleitores do Sacro Império Romano - Germânico; o Arcebispo o toma a seu serviço como conselheiro no seu tribunal e como consultor para questões legais e políticas. A consolidação de Luís XIV no poder e o apogeu do Estado Absolutista na França constituem grandes riscos para o Império, como a incorporação de Estrasburgo à França mais tarde o mostrará. Na Corte de Maiença, Leibniz tem uma vida agitada, redigindo pequenas obras de política, de jurisprudência e de cálculo de probabilidades; o Arcebispo, com o objetivo de desviar os impulsos expansionistas de Luís XIV para alvos mais seguros, pretende propor ao rei de França uma expedição ao Egito com base na velha idéia de cruzada; como utiliza a questão religiosa como pretexto, ele exprime o desejo deste projeto poder promover a reunião das Igrejas e Leibniz, com vistas a tais negociações, prepara um opúsculo denominado *Demonstrationes Catholicae*, no qual, discutindo a possibilidade e a conveniência de uma reunificação das Igrejas, situa a alma em um ponto dando assim mais um passo em direção à sua *mônada* e desenvolve o *princípio da razão suficiente* (nada ocorre sem razão) que o conduzirá mais tarde ao seu *otimismo*. Seu gosto pela filosofia se aprofunda em Maiença, como bem o demonstra uma rápida seqüência de escritos: *Confessio Naturae contra Atheistas* (1668), *Carta a Thomasius* (abril de 1669), *De Stylo Philosophico Nozliii* (1670), escrito curioso onde ele é o primeiro a propugnar pela conveniência do uso do alemão nos estudos filosóficos, *Theoria*

Motus Abstracti e *Hypothesis Physica Nova* (1671) e a *Carta a Arnauld* (novembro de 1671), entre outros. É importante notar que na *Hypothesis* ele se defronta novamente com o difícil problema do ponto, no contexto da óptica, do estudo do espaço e do movimento e que neste texto ele, recuperando as idéias de Kepler, atribui o movimento à ação de um espírito (Deus), opondo-se assim implicitamente a um ponto importante da física cartesiana. Em 1672 o Eleitor despacha o seu jovem jurista para Paris, na qualidade de embaixador junto a Luís XIV para discutir os acordos propostos. Leibniz chega em março à Cidade-Luz, dando início a um importante período de sua carreira.

II

A permanência de Leibniz em Paris será importante para a sua vida pessoal e para a sua carreira diplomática, mas será *fundamental* para a sua evolução filosófica. Ele residirá durante quatro anos na capital francesa, salvo uma curta permanência em Londres (entre janeiro e março de 1673) e, quando retornar à Alemanha, o fará por Londres e Haia, lá então visitando Espinosa. Uma característica interessante em Leibniz é o desenvolvimento mais ou menos lento do sistema[3], muito embora, como já mostramos acima, se possa observar alguns de seus mais importantes elementos presentes desde os primeiros exercícios filosóficos do pensador. Em Paris, Leibniz terá um contato mais direto com os escritos de Descartes,

---

[3] É comum nos estudos leibnizianos dividir-se a sua carreira em um período *pré-sistemático*, que vai desde sua dissertação de bacharelado até 1686 e um *período sistemático* de maturidade, no qual ele tenta produzir versões sintéticas, mas completas de seu pensamento. A obra que o leitor tem em mãos pertence a este último período.

sendo ademais iniciado na matemática dos modernos: ele pouco conhecia então do método analítico de Descartes em Geometria e com certeza é ali que lê o *Essay sur les Coniques* de Pascal e os trabalhos de Desargues. É Huyghens, então residindo em Paris, que lhe serve de intermediário nestes estudos, apresentando-lhe também muitos de seus próprios trabalhos. Leibniz conhece pessoalmente Arnauld já em setembro de 1672 e este contato, assim como o de Huyghens será importantíssimo; ele discutirá com o Jansenista seus projetos de reunificação da Igreja, manterá contato com um tipo de catolicismo não conformista, heterodoxo, que se opõe ao espírito da Contra-Reforma e portanto mostra-se visceralmente anti-jesuítico. Através de Arnauld, Leibniz conhecerá muitos outros pascalianos e Jansenistas, dentre os quais Étienne Périer, sobrinho de Pascal, que, em meados de 1674 lhe permite o acesso a vários escritos então inéditos do tio, que Leibniz pretende editar. Na sua estadia já aludida em Londres, ele trava contato com Robert Boyle e com vários membros da Royal Society, então em seus começos, tendo nesta ocasião apresentado a esta academia um projeto de máquina de calcular que, inspirado no primeiro protótipo de Pascal, agrega, entretanto, diversos melhoramentos; em Londres igualmente entra em contato com diversos colaboradores de Newton, fato que lhe valerá mais tarde a injusta acusação de ter plagiado o *cálculo das fluxões* do inglês nos seus estudos sobre o Cálculo Diferencial.

No primeiro semestre de 1675 ele conhece igualmente Nicolas Malebranche (1638-1715) um filósofo mais ortodoxo que continua o desenvolvimento do cartesianismo no sentido estrito, polemizando contra as interpretações espinosistas e pascalianas do pensador; o contato com Malebranche faz com que Leibniz aprofunde sua leitura crítica de Descartes e comece a diferenciar o seu racionalismo do racionalismo francês. Sua diferença básica com o cartesianismo se dá na interpretação da *substância*, que Descartes e o cartesianismo ortodoxo tendem a considerar como pura *extensão* e na concepção da física como um mecanismo rígido movido a contatos imediatos e turbilhões e na idéia de uma *matéria inerte*, à qual ele oporá a sua concepção *dinâmica* das partículas dotadas de energia própria; uma diferença mais sutil e muito menos aparente talvez resida no ferrenho *antiatomismo* dos cartesianos, bem como em uma concepção distinta do papel da *razão*.

Matemático, espiritualista e racionalista como Descartes, Leibniz apresentará contra este pensamento uma longa e duradoura reação, opondo cada vez mais a sua filosofia à filosofia então dominante na França. Esta é igualmente a razão profunda de seu vivo interesse por Espinosa. Que nos seja permitido apresentar um exemplo para tornar mais claro o que dizemos:

Em um opúsculo intitulado Aurora seu Initia Scientia Generalis, Leibniz opõe a prática bárbara e primitiva que tira o fogo do atrito entre pedaços de madeira à prática erudita que o extrai dos raios do sol através de uma lente: "... *De um lado, primeiro a matéria espessa e terrestre, depois o calor e depois a luz; de outro a luz primeiro, depois o calor e por fim a fusão das matérias mais duras...*". Tanto o título do opúsculo quanto o simbolismo do fogo utilizado no trecho citado são tomados de Jacob Boehme (1575-1624) o grande pensador místico que está, junto com Nicolau de Cusa, Eckart e Valentin Wiegel, no início da filosofia alemã moderna. Boehme, filho de uma família camponesa acomodada e tornado mestre sapateiro, não filosofa por diletantismo, por brilho acadêmico ou por ideologia, mas sim por necessidade e instinto, impelido por um forte impulso interior. Autor de vários opúsculos sobre a *Aurora* (*Morgenroth*) onde o fenômeno astronômico é interpretado pelos seus vários aspectos simbólicos; compartilhando este simbolismo e esta busca mística com outras correntes intelectuais de alquimistas especulativos e práticos, com o pensamento de um Paracelso, de um Andrae, de um Michael Mayer por exemplo, escrevendo em vernáculo e não em latim para se fazer entender por um maior número de leitores, o que Boehme busca, assim como o que Wiegel busca não é a gnose mas a salvação. A Alemanha assim aparece-nos, já no início de sua história filosófica moderna, como o país do *misticismo especulativo* em oposição ao *misticismo religioso* que domina nos países latinos durante a Baixa Idade Média e o Renascimento. Tanto Boehme quanto Wiegel e de modo geral todo um movimento de idéias e de práticas que ao mesmo tempo os plasma e os segue são hostis à tese luterana da salvação pela fé, da salvação que decorre exclusivamente dos méritos de Cristo e que nos vem do exterior sem causa ou explicação concebível, serão mais hostis ainda à *predestinação* calvinista, sem por isto abandonarem alguns dos postulados e críticas da Reforma tais como, por exemplo, a necessidade de uma interpretação pessoal dos Evangelhos e a hostilidade ao poder temporal dos papas[4]. Para eles é através de uma *transformação íntima e efetiva*, através de uma verdadeira *renas-*

---

[4] São tais características que aproximam estes primeiros pensadores alemães mais das inquietudes dos boêmios e dos moravos que, na figura do movimento hussita por exemplo, promovem uma extensa revolução ao mesmo tempo *teológica, política e social* em toda a Europa Central do século XVI, do que propriamente da ortodoxia protestante tão avidamente abraçada pelas classes dominantes e pelas camadas dirigentes alemãs. O fenômeno das *Guerras Camponesas* que acompanha em toda a parte a instalação do protestantismo está correlacionado com tais inquietações e buscas, não totalmente separadas de aspirações confusas de reforma social e de luta de classes, mas de modo algum redutíveis a isso. Dada a exiguidade de espaço não podemos desenvolver mais o tema; o leitor interessado poderá obter informações interessantes no livro de Norman COHN: *The Pursuit of Millenium*. Referências clássicas ao tema são os trabalhos de Mikhail BAKUNIN: *L´Empire Knuto-Germanique et la Révolution Sociale* e o trabalho bem conhecido de F. ENGELS sobre as *Guerras camponesas na Alemanha*.

cença que o homem chega à salvação. É preciso pois todo um *trabalho* do espírito para que isto aconteça. Este renascimento e este trabalho implicam em uma *representação* de Deus e da natureza humana que constituem uma verdadeira *teosofia*. Em Wiegel, por exemplo, esta teosofia assenta-se sobre a idéia de que Deus é primitivamente inativo, sem vontade, sem personalidade e que, ao criar, de alguma forma revela a si mesmo e torna manifestos todos os seus atributos[5]; a criatura, como contém uma parcela do nada, tem também a possibilidade de se afastar de Deus, de dobrar a sua vontade para si e isto é a *queda*, tanto a de Lúcifer quanto a de Adão, e daí portanto decorre que o inferno está dentro de nós mesmos. Existem pois duas espécies de conhecimento: aquele que corresponde ao estágio da criatura decaída (conhecimento natural) e aquele correspondente ao estado da criatura salva e reconduzida à sua origem (conhecimento sobrenatural). No primeiro caso o objeto é passivo com relação ao sujeito de conhecimento e o objeto exterior é apenas uma *ocasião* para o conhecimento. No segundo caso é o objeto (Deus) que é completamente ativo e o sujeito de conhecimento deve apenas ascender à contemplação deste objeto; este segundo conhecimento, entretanto, se dá através do homem e é também interior, de modo que Deus, assim como o inferno, está também em nós e é através de nós que ele se conhece e se dá a conhecer. A salvação do homem é a última etapa do ato atra-

---

[5] O leitor familiarizado com História das religiões verá nesta concepção um *eco* ou uma *transcrição* das mais antigas teogonias que chegaram ao nosso conhecimento tais como a ruptura do Abismo (Mummu-Tiamat) na religião sumérica; a emersão da Colina Primordial do caos aquoso por efeito da masturbação de Rá, no mito egípcio ou a separação entre o Mundo e o Caos à partir de um processo de agitação análogo ao da extração da manteiga do leite, no mito indiano. A psicologia jungiana nos tenta explicar tais analogias mediante o "processo de individuação".

vés do qual Deus se conhece e este conhecimento sobrenatural é pois uma transformação do ser, uma *obra* (*Werk*).

Tomando por base Wiegel, o ponto de partida de Boehme será a *experiência do mal*: a tristeza e a melancolia que advêm do fato do ímpio ser tão feliz quanto o piedoso e seu ponto de chegada, sua *Aurora* depois de uma pesada travessia noturna, é a "... *alegria triunfante do espírito*..." o renascimento que segue a iluminação e que lhe permite a compreensão da vontade de Deus. Amigo dos alquimistas, Boehme verá uma analogia profunda entre este processo de iluminação e a Grande Obra: ele vê na transformação dos metais, na sua purga e sofrimento no cadinho, na seqüência de operações que separa o puro do impuro e que depois, combinando os princípios assim obtidos regenera o metal vil em ouro, uma imagem do processo pelo qual a alma deve passar. A *calcinação* dos alquimistas é análoga ao *trabalho de purificação* pelo qual a alma decaída obtém a sua salvação.

Quando Leibniz se refere às duas maneiras de fazer fogo então, está se referindo a este tipo de trabalho: a maneira bárbara de fazer fogo é análoga ao processo de *purificação* da matéria e do conhecimento; é a via laboriosa pela qual este conhecimento é obtido e transmitido, ao passo que a via erudita é a possibilidade do conhecimento superior incidir diretamente sobre a matéria, refundindo-a e transformando-a. **Nada está mais distante da concepção cartesiana que tal ordem de idéias.** Para convencer-se disto basta que o leitor deite os olhos ao *Le Monde* de Descartes para estudar a sua concepção da luz e dos elementos, ou que se lembre que Malebranche considerava os ganidos de uma cadelinha que tinha levado um pontapé como sendo apenas "... *ruídos de engrenagens*..." Este tipo de raciocínio e de concepção do processo de conhecimento estará pois na fonte do *Idealismo Alemão* e Leibniz, embora filiando-se ao racionalismo, estará portanto situado nesta perspectiva e não na perspectiva da filosofia francesa e inglesa que caminharão, no que tange às questões epistemológicas, para o Positivismo e o Empirismo respectivamente. Enganar-nos-íamos entretanto se supuséssemos esta oposição de Leibniz ao cartesianismo como fundada em motivos puramente filosóficos e metodológicos: há motivos políticos e pessoais em jogo também. Sua ambição pessoal é clara, honesta, notória; ele pretende, entre outras coisas, ser um grande filósofo e um grande cientista, mas Leibniz possui um grande concorrente em filosofia: a sombra de Descartes que o perturba visivelmente. Contra aquele cuja glória ainda é tão viva ao seu tempo, ele assume a atitude de um adversário e de um êmulo feliz; há um traço estilístico que nos mostra claramente esta tendência: toda a vez que ele se vê forçado a louvar um ponto de vista de Descartes, isto é prelúdio de um duro ataque anticartesiano!...Isto não nos deve surpreender: é notório que, sem o racionalismo cartesiano, sem a crítica espinosista, o pensamento de Leibniz seria pouco concebível. Há entretanto um outro aspecto que merece maior consideração: contrariamente a muitos de seus contemporâneos, Leibniz é radicalmente *alemão* e pretende ver sua pátria alçada à grandeza na qual ele pode ver postada a França de Luís XIV: já vimos um aspecto desta sua postura na sua defesa do alemão como língua filosófica – o endereço é certo porque, à partir do final do século XVI o francês ascende rapidamente à categoria de língua erudita ao lado do latim e o cartesianismo não é estranho a tal movimento; por outro lado, o próprio desenvolvimento do Estado Absolutista em França, aliado à decadência espanhola, impulsiona o francês à categoria de língua diplomática por excelência. O *século de Luís XIV* é igualmente uma época de florescimento para a literatura clássica na França e a influência desta nova literatura logo ultrapassa os limites franceses ou latinos, espalhando-se em todo o espaço europeu e repercutindo até mesmo na longínqua Moscóvia; mais uma vez podemos observar a reação leibniziana propondo ainda o latim como veículo apropriado para a moda dos novos versos alexandrinos franceses.

Leibniz tem claras as dificuldades que impedem este movimento ascensional alemão e, neste sentido, seu aparente anacronismo na defesa de um papel político ativo para o Sacro Império Romano-Germânico não nos deve enganar; não se trata de voltar à Idade Média nem ao sonho político de Dante: trata-se antes de se propugnar pela unificação da Alemanha e o Império, desta forma, seria para ele um melhor sucedâneo para a construção de um Estado Nacional do que os mesquinhos principados territoriais germânicos que, desde o século XI lutam entre si pela preponderância no espaço alemão e pela Coroa de Ferro, sem saber extrair disto maiores rendimentos políticos. Daí decorre igualmente o seu progressivo distanciamento da ortodoxia luterana e a necessidade que vê de se *conciliar as religiões*. Como, caso contrário, unificar a Áustria e a Baviera católicas com a Prússia e o Brandemburgo rigidamente luteranos? Leibniz viu com igual clareza o uso político que os príncipes alemães fizeram da Reforma, obstaculizando com isso a formação do Estado nacional alemão. De igual maneira ele percebe muito claramente os efeitos econômicos da concentração política e mais tarde, no seu período hannoveriano, tentará instalar no Harz as mesmas manufaturas que, com Colbert, faziam a fortuna da França seiscentista[6].

---

[6] O leitor nos desculpará este tosco esquema sobre as influências políticas no pensamento de Leibniz: se ele, ao contrário de Maquiavel, de Hobbes ou de Locke, não pode ser considerado primordialmente como um pensador político, isto não quer dizer que não tenha pensado a política e nem que esta estivesse totalmente ausente de suas considerações. Para um melhor esclarecimento da questão remetemos o leitor à obra clássica de Victor BASCH: *Les Doctrines Politiques des Philosophes Classiques de l´Allemagne* (Paris, Alcan 1927).

Em 1675, depois de longa maturação e de um estudo criterioso da matemática de Huyghens, de Pascal e de Descartes, Leibniz publica o *Nova Methodus pro Maximis et Minimis*, isto é o seu trabalho sobre o *Cálculo Diferencial e Integral* aonde apresenta a sua noção de *infinitésimo*. Com esta descoberta ele torna-se mais independente das concepções geométricas de Descartes (embora, digamo-lo claramente, sem a Geometria de Descartes teria sido *impossível* a Leibniz descobrir o Cálculo). Com esta descoberta ele igualmente deixa de considerar o espaço e o tempo como *substâncias*, podendo considerar um *ponto* como um volume infinitesimal sujeito pois à contagem e o tempo como composto de *instantes* individuais, e desta forma dá um passo a mais em direção à *monadologia* de sua maturidade. Sem entrarmos fundamente no debate sobre o "plágio" de Leibniz a Newton, comentemos apenas que, do ponto de vista geométrico e epistemológico, não há a menor semelhança ente os *infinitésimos* de Leibniz e as *fluxões* de Newton, muito embora possa ser provado, como será feito no século XVIII, que ambas formulações sejam equivalentes[7]. Além disso, Newton *recusava-se* a publicar seus resultados, utilizando-os mais ou menos como um *segredo de ofício* para resolver problemas matemáticos, e só se dispôs a publicar o "seu" Cálculo no auge da polêmica das prioridades, ao contrário de Leibniz. Por outro lado, se consultarmos os *Principia* de Newton, mesmo na 2ª. edição, veremos que este utiliza de preferência o *método geométrico* de Arquimedes e de Descartes para a resolução dos problemas, ao passo que Leibniz desenvolve a nova ferramenta *em si*, inventando novos métodos

---

[7] Fato este aliás, mais ou menos corriqueiro na história da ciência: a *mecânica matricial* de Heisenberg é equivalente à *equação de onda* de Schrödinger ou às *integrais de trajetória* de Feynmann na formulação da Mecânica Quântica, da mesma forma como a *axiomática de Zermelo-Frenkel* é equivalente à *axiomática de Von Neumann* na formulação da Teoria dos Conjuntos.

de cálculo, estabelecendo alguns teoremas fundamentais e finalmente criando metodologias operacionais para que o Cálculo pudesse ser utilizado normalmente como mais uma ferramenta matemática. É notável também o fato de que, nos manuais modernos, é sem dúvida a metodologia e as notações de Leibniz que predominam sobre as de Newton. Hoje podemos dizer que, muito provavelmente, o caso do Cálculo Infinitesimal foi um daqueles de *descoberta paralela* relativamente comuns na história da ciência. Do ponto de vista filosófico entretanto, não poderemos subestimar a importância desta descoberta para o pensamento de Leibniz: com ela ele se afasta cada vez mais da geometria cartesiana e se aproxima da *mônada*. Ademais, pensando os infinitésimos como os elementos reais do espaço ele pode generalizar a idéia de *dimensão*, sendo um dos primeiros a intuir a possibilidade de se escrever a Geometria para um número inteiro arbitrário de dimensões. Esta nova ferramenta possibilitará igualmente que Leibniz supere o conceito cartesiano de mecânica e a sua respectiva formulação das leis do movimento, sendo ele o primeiro a introduzir o conceito de *energia cinética* (que ele denominava *vis viva* – força viva) na dinâmica[8].

---

[8] É importante nesta altura ressaltar as *diferenças* entre as formulações newtoniana e leibniziana da Mecânica Clássica. Newton, com o seu *Principia Mathematica Philosophia Naturalis* (há tradução inglesa deste trabalho, realizada por um amigo de Newton – Motte – e revisada por Cajori em 1926; esta edição está sempre disponível ao leitor, em várias tiragens editadas pela UCLA. A Editora da Universidade de S. Paulo – EDUSP – empreendeu a tradução brasileira do texto, infelizmente restrita até o momento ao primeiro volume) irá sem dúvida produzir uma formulação influente não apenas do ponto de vista da sistematização obtida, do poderio dos métodos analíticos, mas também pela abundância e importância dos resultados: um mesmo conjunto de axiomas explica perfeitamente bem a queda dos graves, o movimento dos astros e cometas e as características das marés, além do movimento do pêndulo e o comportamento de vários outros fenômenos físicos, confirmando assim concretamente a

hipótese de Galileu de que não há diferença essencial entre os movimentos celestes e os terrestres. Neste sentido Newton será o grande mestre da Física e da Epistemologia do século XVIII; como ele mesmo disse, subiu aos ombros de gigantes como Copérnico, Kepler e Galileu para construir o seu trabalho, mas uma vez pronto este, os resultados de seus predecessores ficaram na prática ultrapassados e o desenvolvimento científico do Século das Luzes se dará nos quadros delimitados pela axiomática newtoniana. Os resultados de Newton entretanto exprimem o que hoje conhecemos como *Mecânica Vetorial* e descrevem os fenômenos localmente com auxílio de *um sistema de equações diferenciais de segunda ordem*. Leibniz atinge um ponto de vista distinto, mas equivalente ao newtoniano com o seu conceito de *força-viva* ou, como diríamos modernamente, de *energia*. O conceito de energia permite tanto as formulações locais da Física quanto as formulações globais, isto é, permite discutir não apenas os valores instantâneos das velocidades e acelerações, mas também discutir e prever as *trajetórias globais* de um determinado sistema e extrair conclusões sobre a sua topologia. Para sistemas compostos por um número muito grande de partículas, bem como para o estudo dos denominados *meios contínuos* (sólidos, líquidos e gases) que possuem um *número infinito* de graus de liberdade, a *formulação vetorial* de Newton é operacionalmente impossível e o método energético é imprescindível. Leibniz entretanto não desenvolveu a sua dinâmica de maneira tão completa quanto Newton o fez com a sua, contentando-se apenas com alguns esboços e esquemas (seu *Essay de Dynamique*, por exemplo conta apenas quinze páginas, contra as mais de quatrocentas dos *Principia* de Newton) e assim suas idéias não tiveram de imediato toda a ressonância merecida. Foi necessário aguardar mais de um século para que as limitações da formulação newtoniana fossem percebidas e para que o poder dos métodos de balanço energético fosse devidamente apreciado. Depois que D'Alembert e Maupertuis nos finais do século XVIII reformularam a axiomática de Newton, estabelecendo a mecânica em bases mais amplas é que pôde nascer, pelos esforços de Lagrange, por volta de 1815, a denominada *Mecânica Analítica*, baseada sobre o estudo de funções definidas sobre o conteúdo energético global do sistema e operando com derivadas primeiras. Em meados do século XIX Hamilton e Jacobi reelaboram a teoria de Lagrange, produzindo a denominada *formulação de Hamilton-Jacobi* para a Mecânica Analítica. Esta formulação descreve as equações de movimento de um sistema qualquer em funções de parâmetros derivados apenas de sua *energia total* (a *função hamiltoniana* do sistema) em um espaço de 2N dimensões, denominado *espaço de fase*, onde N é o número de *graus de liberdade* do sistema. Demonstra-se que, do ponto de vista

III

O barão de Boyneburg tinha falecido em dezembro de 1672 e o Eleitor de Maiença em fevereiro de 1643, de modo que, sem protetores, Leibniz vive em Paris com poucos recursos praticamente por três anos (1674-1676). Não sendo clérigo, como Malebranche, nem pensionado de um governo como Huyghens e nem possuindo bens de raiz como Descartes, a questão da sobrevivência impunha-se. Leibniz e Espinosa são os únicos grandes filósofos de seu tempo que devem trabalhar para viver e ele, dando mais uma vez provas de seu gênio prático aliado ao espírito filosófico, entabula uma série de habilíssimas negociações envolvendo Colbert (então ministro de Luís XIV), Christian de Mecklemburg e o rei da Dinamarca, visando conseguir uma nova colocação. Quer inicialmente um trabalho na embaixada de algum principado alemão, para prosseguir seus férteis anos em Paris, mas acaba conseguindo emprego junto Johann-Friedrich, duque de Braunschweig-Lunenburg, cujos domínios então compreen-

---

matemático, estudar a mecânica de um determinado sistema é equivalente a se estudar as *geodésicas*, ou seja, *as linhas de menor comprimento* que a hamiltoniana define no espaço de fases, obtendo-se assim tanto uma *descrição global* do movimento do sistema, como uma *descrição local*. Esta formulação, que Poincaré denominava *dinâmica generalizada*, pode ser aplicada não apenas aos sistemas físicos propriamente mecânicos, mas também aos problemas de Termodinâmica e de Eletromagnetismo, possibilitando desta forma uma *visão geral e integrada da Física* no sentido de um *saber universal* leibniziano. Mostrou-se igualmente, no século XX, que as novas teorias físicas da Relatividade e da mecânica Quântica, podem ser igualmente escritas no formalismo lagrangeano e que este pode ser aplicado em uma extensa ordem de problemas que vai desde questões de deformação e de elasticidade em Engenharia, até problemas de Biologia Matemática, Astrofísica, Cosmologia ou de Teoria Quântica de Campos, de modo que o ponto de vista de Leibniz demonstrou-se historicamente muito mais fecundo que o de Newton.

diam os ducados de Helle e de Hannover. O duque o emprega inicialmente como bibliotecário, fato este que implica a sua residência permanente em Hannover e a partir de então, salvo por breves períodos de tempo, não mais deixará a Alemanha. Ele aceita este cargo em outubro de 1676 e então deixa Paris, voltando à Alemanha através de um pequeno périplo por Londres e pela Holanda. Em Londres visita brevemente Collins, então secretário da Royal Society e na Holanda encontra-se com os naturalistas Swammerdam e Leeuwenhoek que no momento estão revolucionando esta ciência através da aplicação do microscópio ao estudo de problemas biológicos, na senda aberta alguns anos antes por Robert Hooke na Inglaterra; em Haia encontra-se igualmente com Espinosa, como já dissemos e chega em Hannover em meados de dezembro deste mesmo ano. O duque de Hannover tinha passado do luteranismo para o catolicismo em 1651 e tornou-se duque em 1665, mas seu ducado era fortemente luterano e não seguia as orientações de seu amo. Neste ambiente propício ele volta a desenvolver negociações sobre a reunificação das Igrejas começando a discutir esta questão, já em 1677, com o enviado especial do Imperador, o bispo Cristóbal Rojas de Spínola e com Nicolas Steno, um prelado que também foi um dos fundadores da moderna Geologia. Com o mesmo escopo, entabula, a partir de fevereiro de 1679, uma correspondência seguida com o renomado orador sacro e historiógrafo católico, o bispo Bossuet; tal correspondência estende-se até 1702.

Leibniz desenvolverá na Alemanha uma atividade imensa mas, do ponto de vista filosófico este será, mormente em sua primeira fase, um período de maturação do seu sistema e de suas idéias, bem como um período de consolidação do *Cálculo Infinitesimal* (uma nova edição do *Nova Methodus* é lançada em 1684). Contratado inicialmente como bibliotecário Leibniz, já em fevereiro de 1677 postula um cargo de conselheiro, que finalmente acaba sendo-lhe concedido em 1678; neste posto será uma espécie de *fac totum* não restringindo suas atividades às questões políticas e jurídicas como o nome da função indica. Ele tenta ainda voltar a Paris em 1679, no seio da delegação de Hannover, formada para discutir com Luís XIV as conseqüências do tratado de Nijmegen que faz do rei de França praticamente o senhor da Europa, mas não consegue. Em seus primeiros anos de conselheiro do duque, Leibniz propõe a inspeção oficial de claustros e conventos, forma conselhos de educação elementar visando uma reforma que torne o ensino mais prático e desenvolve vários trabalhos de engenharia: trabalha no projeto de prensas hidráulicas – um tema já caro a Pascal – desenvolve máquinas e moinhos hidráulicos ou de vento, projeta relógios e envolve-se profundamente com problemas de melhoria viária e pavimentação de estradas; visando economizar potência estuda também novos eixos e rodas, bem como redesenha carruagens com o objetivo de minimizar as perdas por atrito e assim economizar na manutenção de estalagens e postos de correio oficiais do ducado. Desenvolve igualmente algumas pesquisas com o fósforo, então recentemente descoberto pelo alquimista Hennig Brand. Sua grande preocupação entretanto é com o desenvolvimento de manufaturas em Hannover, segundo o modelo que tinha observado na economia colbertiana francesa; neste sentido dedica-se bastante ao problema da exploração das jazidas mineiras do Harz, trabalhando nelas freqüentemente como engenheiro entre 1680 e 1685; um obstáculo maior na exploração destas jazidas era a inundação das galerias abertas por infiltração de freáticos e Leibniz então desenvolve uma bomba especial, movida pela força hidráulica dos riachos vizinhos às minas, que permite a drenagem eficaz das galerias e a exploração das jazidas. Estes trabalhos fazem dele além de um engenheiro, um dos criadores da moderna geologia, graças às observações de campo que pode, nesta situação, coletar; tais observações foram condensadas em um escrito – *Protogea* – que só veio à luz postumamente em 1749: neste escrito Leibniz emite a hipótese de que a terra teria sido primitivamente um corpo em fusão. Estes interesses geológicos também o colocam em contato com o naturalista Buffon.

Do ponto de vista científico e filosófico estes são anos também de criatividade: em março de 1679 ele aperfeiçoa o sistema binário de numeração, em outra antevisão da importância que os problemas computacionais assumiriam no futuro e no final do mesmo ano ele escreve seus primeiros textos sobre problemas de Topologia e continua a aperfeiçoar seus estudos de dinâmica.

Johan – Friedrich falece em 7 de janeiro de 1680 e é sucedido por seu irmão Ernst Augustus I. Entre 1680 e 1682 ocorre uma onda de perseguições aos protestantes na França e Luís XIV torna-se cada vez mais intolerante até chegar à revogação do Édito de Nantes em 18 de outubro de 1685; observa-se claramente também um expansionismo francês na Alsácia com a tomada de Estrasburgo em 1681 e a reivindicação de direitos sobre mais dez cidades alsacianas. O Império é também ameaçado a Oriente por uma revolta húngara e pelo avanço dos turcos, que a muito custo conseguem ser detidos depois do cerco de Viena em 1683. Durante este período Leibniz serve ao seu príncipe e ao Império como um verdadeiro patriota alemão: sugere meios de incrementar a produção de linho, imagina métodos de desalinizar a água do mar e principalmente envolve-se fundamente nas análises e debates políticos. Em 1683 ele escreve em latim e em francês um violento panfleto contra Luís XIV: *Mars Christianíssimus* e em 1684 ele publica uma análise política da conjuntura denominada *Raisons touchant la Guerre ou l´Accomodation avec la France*.

Nos primeiros anos de Hannover ele igualmente dá um outro rumo às suas já antigas especulações sobre o saber universal: começa agora a propugnar pela criação de academias e consegue, como passo importante, fundar uma revista – *Acta Eruditorum* – no modelo das *Transactions* da Royal Society londrina, que servirá para a divulgação de pesquisas originais sobre todos os ramos do saber, bem como para o debate intelectual; ele mesmo publicará muitos artigos e cartas nesta revista. Em 1684 publica um primeiro texto sistemático que é uma introdução lógica às suas idéias: *Meditationes de Cognitione, Veritate et Ideis*; aproximamo-nos então do denominado *período sistemático* de suas obras. O texto acima citado é um pequeno panfleto de dez páginas, subdividido em seis parágrafos cujos títulos merecem ser traduzidos:

i) *Idéias Claras ou obscuras; distintas ou confusas; adequadas ou inadequadas, intuitivas ou simbólicas;*
ii) *Crítica da prova ontológica da existência de Deus, tal como Descartes a apresentou;*
iii) *Idéias verdadeiras e idéias falsas. Possibilidade. Definições nominais, reais e causais;*
iv) *Perigo da evidência. Valor da forma;*
v) *A Visão em Deus;*
vi) *Conhecimento sensível.*

Neste escrito um resumo da sua teoria do conhecimento é claramente colocado: as coisas não são vistas em Deus, como quer Malebranche, mas sim existe uma analogia profunda entre as idéias de Deus e as do Homem, há uma *identidade* entre a lógica de Deus e a do Homem[9].

Em 1685 Leibniz é nomeado historiador da casa de Brunswick e na mesma ocasião *conselheiro áulico* por causa do cargo. Seus deveres de historiador o farão paradoxalmente

---

[9] O leitor mais esperto em filosofia certamente já percebeu nesta última proposição uma primeira tintura da *Ciência da Lógica* de Hegel.

voltar aos estudos lógicos dada a reflexão que ele se impõe sobre o estatuto da verdade histórica; neste contexto ele volta a refletir sobre a Lógica Indutiva e a probabilidade dos fatos, e mais tarde formulará suas idéias de uma maneira bastante análoga ao que hoje denominamos *Cálculo de Predicados* na Lógica Matemática. Sua concepção de História é também muito mais ampla que a mera genealogia ou a crônica de um período bem delimitado, como era hábito então: ele pretende fazer entrar no escopo da História o devir da Terra inteira e aponta para tanto o caminho da colaboração entre eruditos e da crítica documental, além de fortes pesquisas de campo e o apoio em materiais arqueológicos, postura esta talvez incentivada por seus anteriores estudos geológicos. O escopo principal de sua nomeação como historiador era provar que a casa de Brunswick possuía suas raízes na Casa d´Este, uma família principesca da Lombardia e que portanto o ducado de Hannover poderia reivindicar um nono Eleitorado. A busca por documentação obriga Leibniz a viajar: em 1687 ele visita a Alemanha do sul e a Áustria, sendo recebido em Viena pelo Imperador; ele irá visitar igualmente a Itália do Norte, a Lombardia e o Vêneto. Leibniz manterá o posto de historiador até o fim de sua vida, fazendo entrar nos seus escritos históricos eventos geológicos, descrições de fósseis, descrições de monumentos e estudos lingüísticos, tentando provar por estes últimos algo sobre as prováveis migrações dos povos; aborda por fim nestes estudos a evolução das idéias científicas, éticas e políticas e os culmina com os fundamentos da *história sagrada*. Neste seu projeto de história universal, Leibniz nunca perde de vista que tudo se relaciona e que não se pode separar por fronteiras estanques o estudo do devir do homem, da evolução do ambiente natural aonde ele vive. Muito embora não tenha tido sucesso na redação completa desta imensa História Geral seu ponto de vista historiográfico foi muito influente, pois soube combinar idéias velhas e novas em uma proposta ousada cuja factibilidade ao menos esboçou. Embora haja necessidade de mais estudos neste aspecto de sua obra, parece que a proposição historiográfica de Leibniz teve um grande peso na renovação dos estudos históricos que se observa na Alemanha à partir do começo do século XIX.

Em 1686 Leibniz publica a primeira sistematização mais completa de suas idéias no seu *Discours de Métaphysique*, cuja tradução o leitor tem ora em mãos, escrito tendo em mente a conquista de Arnauld[10] aos seus pontos de vista e a partir deste escrito ele começa a deixar clara a sua independência com relação aos cartesianos. No mesmo ano dá início à publicação de seus escritos sobre dinâmica através do pequeno artigo *Brevis Demonstratio Erroris Memorabilis Cartesii et Alliorum Circa Legem Naturae* aonde introduz o conceito de *força-viva* e prova que na dinâmica, além do *princípio da conservação do momento* estabelecido por Descartes, deve ser considerado igualmente aquilo que hoje denominamos o *princípio de conservação da energia*. A glória então começa a depositar seus louros na fronte do nosso filósofo e o prestígio cobre o estadista e é finalmente criado barão, melhorando com isso a sua delicada posição financeira. As obras filosóficas sucedem-se a partir de então em ritmo bem dinâmico até a sua velhice: *De Essentia Corporis* (1691) no qual expõe a sua dinâmica, *De Rerum Originatione* (1697), *de Ipsa Natura* (1698). Nesta última década do século XVII ele também envolve-se profundamente com projetos de fundação de academias científicas para vários estados alemães e seu primeiro sucesso neste campo vem quando a filha de Ernst Augustus, Sophie Charlotte, sua grande amiga e admiradora, tornando-se a primeira rainha da Prússia cria a Academia de Ciências de Berlin em janeiro de 1701.

---

[10] O próprio Leibniz lhe dedica um exemplar da obra, acompanhado de uma carta, da Itália, onde se encontrava por esta ocasião, a caminho de Veneza. A obra suscitará uma interessante correspondência entre ambos.

A ascensão do novo duque de Hannover – George I – ao trono, em 1698, não é auspiciosa para Leibniz e para sua vida de cortesão. Ele não é íntimo do novo duque e seus problemas começam: primeiro a saúde começa a declinar e a gota o atormenta; ele perde a seguir suas duas protetoras e amigas, Sophie Charlotte morre em 1705 e sua mãe a princesa Sophie em 1714 e em 1711 a Royal Society de Londres inflige-lhe a humilhação e o desgosto de considerá-lo plagiário na questão da prioridade da invenção do Cálculo Infinitesimal. Quando George I herda o trono da Inglaterra e parte com sua Corte para Londres, ele quer acompanhá-lo mas o jovem rei recusa-se a aceitá-lo e ele então é despedido de suas funções áulicas. O filósofo entretanto sabe envelhecer e suporta a doença e a desgraça com dignidade. Em meio aos dissabores não deixa de escrever e são desta época suas produções mais conhecidas: *Nouveax essais de Metaphysique* (1703), *Principes de Philosophie ou Monadologie* (1714) e os *Essais de Théodicée* (1710). O clero o considera no final da vida como incréu e esta fama corre pela boca do povo. No momento de sua morte ele impede que seja chamado um pastor para assisti-lo e assim terminou seus dias no isolamento e na impopularidade aquele que, no dizer de Kuno Fisher, *foi enterrado como um bandido e não como um ornamento da pátria* o grande contendor de Descartes, o genial G.W. Leibniz...

I.

Da perfeição divina e que Deus faz tudo da maneira mais desejável

A noção mais comum e mais significativa que temos de Deus exprime-se muito bem nos termos "Deus é um ser absolutamente perfeito", embora não atentemos muito nas conseqüências desta definição; e, para aprofundá-la, convém notar que, na natureza, existem várias perfeições diferentes, que Deus as possui todas ao mesmo tempo e que cada uma lhe pertence no mais alto grau.

Também é preciso conhecer o que é a perfeição, e, para isso é indicação suficientemente segura saber que as formas ou naturezas não suscetíveis de grau supremo, como a natureza do número ou da figura, por exemplo, não são perfeições. Porque o maior dos números (ou o número dos números), assim como a maior de todas as figuras, implica contradição. Já a maior ciência e o poder supremo não encerram impossibilidade alguma. Potência e ciência são, portanto, perfeições, e, porquanto pertencem a Deus, não têm limites.

De onde se segue que Deus, possuindo suprema e infinita sabedoria, age da maneira mais perfeita, não só metafísica mas moralmente falando, e que se pode dizer, quanto a nós, que, quanto mais conscientes e informados sejamos das obras de Deus, tanto mais seremos capazes de considerá-las excelentes e plenamente satisfatórias no tocante a tudo que possamos desejar.

II.

Contra os que sustentam não haver bondade nas obras de Deus, ou que as regras da bondade e da beleza são arbitrárias

Afasto-me largamente, portanto, da opinião dos que sustentam não haver regras de bondade e perfeição na natureza das coisas, ou nas idéias que Deus tem delas, e que as obras de Deus são boas só pela razão formal de que foi Deus quem as fez. Ora, se assim fosse, sabendo-se Deus seu autor, não teria motivo algum para, depois de criá-las, olhar para elas e ver que são boas[1], como testemunha a Sagrada Escritura, que parece valer-se desta figura antropológica tão-só para nos mostrar que a excelência dessas obras se conhece de olhar para elas, ainda que não reflitamos na denominação puramente extrínseca que as refere à sua causa. E isso é tão mais certo quanto mais verdadeiro for que pelas obras se conhece o autor. Pois é necessário que aquelas portem o caráter deste. Confesso que a opinião contrária me parece extremamente perigosa e demasiadamente próxima à dos últimos inovadores[2], que defendem que a beleza do universo e a bondade que atribuímos às obras de Deus não passam de quimeras dos homens, que concebem Deus à sua maneira. Do mesmo modo, dizer que as coisas não são boas por uma regra de bondade, mas só pela vontade de Deus, implica, a

---

[1] "E Deus viu todas as coisas que tinha feito, e eram muito boas" (Gênesis 1, 31).
[2] Leibniz critica Espinosa (1632-1677).

meu ver, destruir, inadvertidamente, toda a glória e o amor divinos. Pois, por que haveríamos de louvar a Deus pelo que fez, se ele fosse igualmente louvável tendo feito o contrário? E onde estará sua justiça e sabedoria, se não houver mais que um poder despótico, se a vontade preceder a razão e se, segundo a definição dos tiranos, o que agrada ao mais forte for por si só o justo? Parece, além disso, que todo ato de vontade supõe uma razão de querer, razão esta que, naturalmente, antecede a vontade. Eis também por que considero de todo estranha a expressão de certos outros filósofos[3] que dizem que as verdades eternas da metafísica e da geometria, e por conseguinte as regras da bondade, da justiça e da perfeição, não passam de efeitos da vontade de Deus. Tenho para mim que todas essas coisas são frutos do entendimento de Deus, que, seguramente, tanto como sua essência, independe da sua vontade.

---

[3] A censura aqui vai para Descartes (1596-1650).

III.

Contra os que crêem que Deus poderia ter feito melhor

Tampouco posso aprovar a opinião de alguns modernos que audaciosamente defendem que as coisas feitas por Deus não se encontram no grau mais alto de perfeição possível, e que ele as poderia ter feito muito melhores. As conseqüências desta opinião são, a meu ver, totalmente contrárias à glória de Deus. *Uti minus malum habet rationem boni, ita minus bonum habit rationem mali*[4]. E é agir imperfeitamente, agir com menos perfeição do que se teria podido. É ver defeito na obra de um arquiteto, dizer que ele a poderia ter executado melhor. E isso contraria a Sagrada Escritura, que nos assegura da bondade das obras de Deus. Pois, uma vez que as imperfeições podem descer ao infinito, qualquer que fosse o modo como Deus criou sua obra, ela sempre seria boa em comparação com outras menos perfeitas – ou, boa o suficiente. Nada, porém, é verdadeiramente louvável se é bom somente nessa medida. Creio ainda que se encontrará uma infinidade de passagens nos escritos divinos e dos santos padres favoráveis à minha opinião, e dificilmente uma só a favor da professada por esses modernos, que, até onde sei, é desconhecida de toda a Antigüidade e só encontra base no ínfimo conhecimento que temos da harmonia geral do universo e das razões ocultas da conduta divina, o que, nos leva a crer, temera-

---

[4] Tradução: *Assim como um mal menor é, de certa forma, um bem, um bem menor é, de certa forma, um mal.*

riamente, que muito do que foi feito poderia ser melhor. Além de que, insistem esses modernos em certas sutilezas muito pouco sólidas, pois imaginam que coisa alguma pode ser tão perfeita que não admita nada mais perfeito ainda, o que é um erro.

Pretendem com isso resguardar a liberdade de Deus, como se não fora esta a liberdade suprema de agir perfeitamente segundo a razão soberana. Porque, de fato, supor que Deus intervenha no que quer que seja sem razão alguma para a sua vontade, além de parecer uma ação totalmente impossível, é opinião pouco compatível com a glória de Deus. Suponhamos, por exemplo, que, entre A e B, Deus escolhesse A, sem razão alguma para preferi-lo a B. Digo que esta ação de Deus seria pelo menos indigna de louvor, pois todo louvor deve ser fundado em alguma razão – precisamente o que *ex hypothesi* não se encontra aqui. Prefiro afirmar que Deus não faz nada que não seja digno de glorificá-lo.

IV.

Que o amor de Deus demanda plena satisfação e aquiescência para com tudo o que Deus faz, sem que por isso se deva ser quietista[5]

O conhecimento geral desta grande verdade que é Deus agir sempre da maneira mais perfeita e mais desejável possível é, a meu ver, o fundamento do amor que devemos a Deus sobre todas as coisas, pois quem ama procura a satisfação na felicidade ou na perfeição do objeto amado e das suas ações. *Idem velle et idem nolle vera amicitia est*[6]. E creio que é difícil amar verdadeiramente a Deus se não se está disposto a querer o que ele quer, ainda que se tivesse o poder de mudá-lo. Com efeito, os que não se satisfazem com as obras de Deus parecem-me semelhantes àqueles indivíduos incrédulos cuja disposição não difere muito da dos rebeldes.

Afirmo, pois, que, segundo esses princípios, para corresponder ao amor de Deus, não basta que tenhamos paciência forçosa, mas é necessário que verdadeiramente nos contentemos com tudo o que nos suceda segundo a sua vontade. En-

---

[5] Quietismo: doutrina mística cujo maior expoente foi o teólogo espanhol Miguel de Molinos (1628-1696). Pregava o abandono da vontade, a pura contemplação e a suspensão de quaisquer manifestações externas (oração, penitência etc.) de culto à divindade. Bastante em voga ao tempo em que Leibniz escreveu seu Discurso, a prática seria mais tarde condenada pelo Vaticano.

[6] Tradução: *Querer e não querer as mesmas coisas é o fundamento da verdadeira amizade.*

tendo esta aquiescência, porém, no que toca ao passado porque, quanto ao futuro, não é preciso ser quietista nem esperar ridiculamente, de braços cruzados, pelo que Deus fará, como no sofisma que os antigos chamavam *logon aergon*, ou razão preguiçosa. Antes, é preciso agir em conformidade com a vontade presuntiva de Deus, na medida em que a possamos julgar, procurando, com toda a nossa força, contribuir para o bem comum e, particularmente, para o aprimoramento e a perfeição de tudo o que nos toca, nos cerca e, por assim dizer, se põe ao alcance de nossas mãos. Assim, se um acontecimento nos mostre não ser o desejo de Deus que nossa boa vontade consiga seu intento, não se segue daí que Deus não queria que nós fizéssemos o que fizemos. Pelo contrário, pois, se Deus é o melhor dos patrões, não há de exigir mais que intenção sincera, reservando para si o conhecimento da hora e do lugar adequado para fazer cumprir os bons desígnios.

V.

Em que consistem as regras de perfeição da conduta divina e como a simplicidade das vias se equilibra com a riqueza dos efeitos

Basta, portanto, ter esta confiança em Deus: que ele tudo faz para melhor, nada faria de mau aos que o amam. Conhecer, no entanto, as razões específicas que o levaram a escolher esta ordem do universo, a tolerar os pecados e a dispensar suas graças salutares de determinada maneira, está além das forças de um espírito finito, sobretudo quando ainda não alcançou o gozo da visão de Deus.

Entretanto, podem-se fazer algumas observações gerais sobre a conduta da Providência no governo das coisas. Pode-se dizer que o que age de maneira perfeita se assemelha a um excelente geômetra, capaz de encontrar a melhor construção de um problema; a um bom arquiteto, que emprega da forma mais vantajosa o terreno e os fundos destinados a um edifício, nada deixando de defeituoso ou que o prive da máxima beleza de que é suscetível; a um bom pai de família, que emprega sua propriedade de modo que não se torne improdutiva ou estéril; a um hábil inventor cuja máquina obtém seu efeito pela via menos complicada que se possa escolher; ou a um exímio autor, que reúne o maior número de realidades no menor volume possível. Ora, os mais perfeitos de todos os seres, os que ocupam o mínimo volume, isto é, os que menos se estorvam, são os espíritos, cujas perfeições são as virtudes. Eis por que não se deve duvidar de que a felicidade dos espíritos é a principal finalidade de Deus, e de que ele a realiza na medida em que a harmonia geral o permite. Disso, entretanto, falaremos um pouco mais em breve.

Quanto à simplicidade das vias escolhidas por Deus, pertence propriamente à esfera dos meios, assim como, pelo contrário, a variedade, a riqueza ou a abundância pertence à esfera dos fins ou efeitos. E é preciso haver um equilíbrio entre ambas, do mesmo modo que os gastos com a construção de um edifício devem corresponder à grandeza e à beleza que se esperam dele. É verdade que nada custa nada para Deus, menos ainda que para um filósofo que formula hipóteses para a fábrica de seu mundo imaginário, pois Deus só precisa decretar para fazer surgir um mundo real. Em matéria de sabedoria, porém, os decretos ou hipóteses tanto mais se assemelham a gastos quanto mais são independentes uns dos outros: pois quer a razão que se evite a multiplicidade de hipóteses ou princípios, mais ou menos como em astronomia, onde o sistema mais simples tem sempre preferência.

VI.

Que Deus não faz nada fora de ordem e nem sequer é possível imaginar acontecimentos que não sejam regulares

As vontades ou ações de Deus dividem-se geralmente em ordinárias e extraordinárias. Mas é bom considerar que Deus não faz nada fora de ordem, e, assim, o que se tem por extraordinário, é o somente perante uma ordem particular estabelecida pelas criaturas. Quanto à ordem universal, tudo lhe é conforme. E isto é tão verdadeiro que, não só não sucede de uma coisa absolutamente irregular vir ao mundo, como nem sequer é possível imaginar algo assim. Suponhamos, por exemplo, que alguém marcasse um papel com uma quantidade de pontos lançados ao acaso, como o fazem os praticantes da ridícula arte da geomancia. Digo que é possível encontrar uma linha geométrica cuja noção seja constante e uniforme segundo determinada regra e que passe por todos os pontos marcados na mesma ordem seguida pela mão que os marcou.

E se alguém traçasse uma linha contínua que fosse ora reta, ora curva, ora de outra feição qualquer, também seria possível encontrar uma noção, uma regra ou uma equação comum a todos os pontos dessa linha, em virtude da qual estas mudanças deveriam ocorrer. Não há, por exemplo, um só rosto cujo contorno não faça parte de uma linha geométrica e não se possa desenhar de um só traço mediante certo movimento regular. Quando, porém, uma regra é demasiadamente complexa, passa por irregular o que lhe é conforme.

Pode-se dizer, assim, que o mundo, de qualquer modo que Deus o criasse, seria sempre regular e conforme a certa ordem geral. Mas Deus também quis fazê-lo o mais perfeito, isto é, aquele que fosse, ao mesmo tempo, o mais simples em hipóteses e o mais rico em fenômenos, tal como, por exemplo, o seria uma linha geométrica de fácil construção, mas cujas propriedades e efeitos fossem amplamente admiráveis e de grande extensão. Sirvo-me dessas comparações para esboçar uma representação, ainda que imperfeita, da sabedoria divina e indicar ao menos o que possa elevar nosso espírito a imaginar de algum modo o que não se saberia exprimir muito bem. Mas certamente não pretendo com isso explicar o grande mistério de que todo o universo depende.

VII.

Que os milagres são conformes à ordem geral, ainda que contrariem as máximas subalternas, e do que Deus quer ou permite por vontade geral ou particular

Ora, se nada se pode fazer senão dentro da ordem, pode-se dizer que os milagres estão tão dentro da ordem como as operações naturais, assim chamadas por serem conformes a certas máximas subalternas que denominamos a natureza das coisas. Pois, pode-se dizer, esta natureza não passa de um costume de Deus, que dele pode abrir mão por causa de uma razão mais forte que a que o moveu a se servir destas máximas.

Quanto às vontades gerais ou particulares, pode-se dizer, conforme se tome o assunto, que Deus faz tudo segundo sua vontade mais geral, isto é, em conformidade com a ordem mais perfeita, que é a que escolheu; mas pode-se dizer também que Deus tem vontades particulares, que se excetuam às máximas subalternas referidas acima, já que a mais geral de suas leis, a que regula o universo, esta não admite exceção.

Pode-se dizer ainda que Deus quer tudo que é objeto de sua vontade particular. Já, quanto aos objetos de sua vontade geral, como as ações das outras criaturas, particularmente das racionais, com quem Deus deseja cooperar, é preciso fazer uma distinção. Quando a ação é em si mesma boa, pode-se dizer, de fato, que Deus a quer e, às vezes, até a ordena, mesmo que ela não tenha sucesso. Mas se ela em si é má, e só pode ser boa por acidente – porque a conseqüência das coisas e, particularmente, o castigo e a reparação lhe corrigem a malignidade e recompensam o mal com juros, de modo que, enfim, se encontre mais perfeição no sucedido do que se todo o mal não tivesse ocorrido –, então é preciso dizer que Deus a permite, mas não a quer, embora concorra para o seu sucesso por causa das leis naturais que estabeleceu, e por, daí, saber extrair um bem maior.

VIII.

Para distinguir as ações de Deus e das criaturas, explica-se em que consiste a noção de substância individual

É muito difícil distinguir as ações de Deus e das criaturas. Enquanto alguns crêem que Deus faz tudo, outros imaginam que ele simplesmente conserva a força que deu às criaturas. O que se segue mostrará como se pode afirmar uma e outra coisa. Uma vez, porém, que as ações e paixões pertencem propriamente às substâncias individuais (*actiones sunt suppositorum*[7]), é preciso explicar o que é uma tal substância.

É bem verdade que, quando muitos predicados se atribuem a um mesmo sujeito, e este sujeito não se atribui a nenhum outro, então ele é chamado substância individual; mas somente isso não basta, pois tal explicação é meramente nominal. É preciso considerar o que é, na realidade, ser atributo de um sujeito.

Ora, consta que toda predicação verdadeira tem algum fundamento na natureza das coisas, e, quando uma proposição não é idêntica, isto é, quando o predicado não está expressamente contido no sujeito, é preciso que o esteja virtualmente. É o que os filósofos[8] denominam *in-esse*, dizendo que o predicado está no sujeito. É preciso, pois, que o termo do

---

[7] Tradução: *As ações são do suposto (sujeito)*. "Suppositum" ou "subjectum" é o nome que os escolásticos davam à substância individual completa.
[8] Leibniz refere-se aos escolásticos.

sujeito contenha sempre o do predicado, de modo que quem entender a noção do sujeito, concluirá também que o predicado lhe pertence.

Sendo assim, podemos dizer que a natureza de uma substância individual ou de um ser completo é ter uma noção tão completa que seja suficiente para compreender cada um e permitir a dedução de todos os predicados do sujeito a que esta noção é atribuída. Já o acidente é um ser cuja noção não compreende tudo o que se atribui ao sujeito a que esta noção é atribuída. Assim, abstraída ao sujeito, a qualidade de rei pertencente a Alexandre Magno não determina suficientemente o indivíduo, não abarca as outras qualidades do mesmo sujeito nem compreende tudo o que a noção deste príncipe encerra. Deus, porém, que vê a noção individual ou a hecceidade[9] de Alexandre, vê nela ao mesmo tempo o fundamento e a razão de todos os predicados que se podem dizer verdadeiramente pertencentes a ele, como, por exemplo, que vencerá Dario e Poro. Deus sabe até, *a priori* (e não por experiência), se ele morrerá de morte natural ou por envenenamento, o que só podemos saber pela história. Do mesmo modo, se bem se considera a conexão das coisas, pode-se dizer que na alma de Alexandre sempre existirão vestígios de tudo o que lhe sucedeu, marcas de tudo o que lhe sucederá e até indícios de tudo o que se passa no universo, embora só a Deus pertença reconhecê-los todos.

---

[9] Hecceidade: termo forjado por Duns Scot para designar o princípio que faz com que um indivíduo seja ele próprio e não outro.

IX.

Que cada substância individual exprime o universo todo a seu modo, e que sua noção já encerra tudo o que lhe acontecerá, as circunstâncias destes acontecimentos e a sucessão das coisas externas

Seguem-se daí vários paradoxos consideráveis, como, entre outros, que não é verdade que duas substâncias se assemelhem inteiramente e difiram *solo numero*[10]; que o que São Tomás afirma neste ponto sobre os anjos ou inteligências (*quod ibi omne individuum sit species infima*[11]) é verdade para todas as substâncias, desde que se considere a diferença específica[12], como o fazem os geômetras em relação às suas figuras; *item*, que uma substância só pode nascer por criação e perecer por aniquilação; e que não se divide uma substância em duas nem se faz de duas substâncias uma; e que, portanto, as substâncias não aumentam nem diminuem em número, embora freqüentemente se transformem.

Mais, toda substância é como um mundo inteiro e como um espelho de Deus, ou melhor, do universo, que cada uma exprime a seu modo, mais ou menos como uma cidade é representada diversamente segundo as diferentes posições do que a vê. Assim, o universo é, de algum modo, multiplicado

---

[10] Tradução: *só pelo número*.
[11] Tradução: *nesse caso cada indivíduo é uma espécie em particular*. Leibniz evoca o princípio da identidade dos indiscerníveis, que exclui a existência na natureza de duas coisas absolutamente iguais.
[12] Quer dizer, a diferença de espécie, não de número.

por quantas substâncias há nele, e a glória de Deus, igualmente, é multiplicada pelo total de representações diferentes de sua obra. Pode-se dizer até que, de certo modo, toda substância traz consigo o caráter da infinita sabedoria e onipotência de Deus, e que o imita tanto quanto possível, pois que exprime, ainda que indistintamente, tudo o que se passa no universo – passado, presente e futuro –, o que, de algum modo, se assemelha a uma percepção ou conhecimento infinito. E como, por sua vez, todas as outras substâncias a ela se referem e se acomodam, pode-se dizer também que esta, imitando a onipotência do Criador, estende seu poder sobre todas as outras.

X.

Que a crença nas formas substanciais tem algo de sólido, embora essas formas nada alterem nos fenômenos nem devam ser usadas para explicar os efeitos particulares

Parece que tanto os antigos como muitas pessoas de habilidade, acostumadas às meditações profundas, algumas recomendáveis pela santidade, que ensinaram filosofia e teologia há alguns séculos, tiveram algum conhecimento do que acabamos de dizer. Por isso introduziram e defenderam as formas substanciais, hoje tão desacreditadas. Não estão, porém, tão longe da verdade nem são tão ridículos como imagina o vulgo de nossos novos filósofos.

Concordo que a consideração dessas formas de nada serve para as minúcias da física nem pode ser empregada na explicação de fenômenos particulares. Eis a falta em que incorreram os nossos escolásticos, e com eles os médicos do passado, que pretenderam explicar as propriedades dos corpos recorrendo às formas e qualidades, sem se dar ao trabalho de examinar o modo como os corpos operam, como se lhes bastasse dizer que um relógio tem a qualidade horodítica proveniente de sua forma sem considerar em que consiste esta qualidade – o que, com efeito, talvez bastasse para um comprador, desde que entregasse seu cuidado a outrem.

Mas esta falta ou este mau uso das formas não nos deve fazer rejeitar uma coisa cujo conhecimento é tão necessário em metafísica que, sem ele, tenho para mim que não seria possível conhecer convenientemente os primeiros princípios nem elevar suficientemente o espírito para o conhecimento das naturezas incorpóreas e das maravilhas de Deus.

No entanto, assim como um geômetra não tem necessidade de embaraçar o espírito com o famoso labirinto da composição do contínuo[13], e nenhum filósofo moral, e muito menos jurisconsulto ou político, tem necessidade de ocupar-se das grandes dificuldades envolvidas na conciliação do livre-arbítrio com a providência divina – pois que o geômetra pode proceder a todas as suas demonstrações e o político a todas as suas deliberações sem entrar nessas discussões, que não deixam de ser importantes em filosofia e teologia –, assim também um físico pode explicar suas experiências servindo-se apenas das experiências mais simples já feitas, sejam elas demonstrações geométricas ou mecânicas, sem precisar recorrer a considerações gerais pertencentes a outra esfera. Se ele, porém, se serve do concurso de Deus, de outra alma, *arquê*[14] ou qualquer outra coisa dessa natureza, divaga tanto quanto aquele que, diante de uma importante decisão de ordem prática, queira entrar na consideração dos grandes raciocínios sobre a natureza do destino e de nossa liberdade; falta esta que, com efeito, sem meditar, os homens cometem freqüentemente, como quando embaraçam o espírito com considerações sobre a fatalidade, desviando-se às vezes de uma boa resolução ou de um cuidado necessário.

---

[13] Referência à discussão filosófico-matemática em torno do problema do contínuo, ou a questão da divisibilidade ao infinito.
[14] Arquê (αρχη, em grego): princípio imaterial.

XI.

Que as meditações dos teólogos e filósofos ditos escolásticos não são de desprezar totalmente

Sei que suscito um grande paradoxo ao pretender, de algum modo, reabilitar a antiga filosofia e reclamar *postliminio*[15] as quase banidas formas substanciais. Mas não me condenarão talvez muito depressa os que souberem que muito meditei na filosofia moderna, que me dediquei longamente às experiências da física e às demonstrações da geometria e que, por muito tempo, estive convencido da insignificância destes entes, que, enfim, involuntária e forçosamente, fui obrigado a recuperar, depois de reconhecer por meus próprios estudos que nossos modernos não rendem a devida justiça a São Tomás e a outros grandes homens daquele tempo, e que há nas opiniões dos filósofos e teólogos escolásticos mais solidez que se imagina, desde que nos sirvamos delas a propósito e em seu devido lugar. Estou ainda persuadido de que um espírito exato e meditativo que se dispusesse a esclarecer e digerir, à moda dos geômetras analíticos, os pensamentos deles, aí encontraria um precioso tesouro de verdades importantíssimas e absolutamente demonstrativas.

---

[15] *Postliminio*: direito de reintegração de bens.

XII.

Que as noções que consistem na extensão encerram alguma coisa de imaginário e não poderiam constituir a substância dos corpos

Mas, para recuperar o fio de nossas considerações, entendo que quem meditar sobre a natureza da substância, de que tratei acima, descobrirá que a natureza do corpo não consiste tão-somente na extensão, isto é, no tamanho, na figura e no movimento, mas que, necessariamente, se há de reconhecer nela alguma coisa correlativa às almas – que é o que comumente chamamos forma substancial –, embora isso em nada altere os fenômenos, a exemplo da alma dos animais, se é que eles a têm. Pode-se até demonstrar que a noção de grandeza, figura e movimento não é tão distinta quanto parece, e encerra alguma coisa de imaginário e relativo às nossas percepções, como ocorre (se bem que em medida maior) com a cor, o calor e outras qualidades semelhantes, de cuja natureza se pode duvidar se está verdadeiramente nas coisas fora de nós. Por isso qualidades como essas não poderiam constituir substância alguma. E se não existir nenhum outro princípio de identidade nos corpos, senão o da extensão, nenhum corpo se sustentará mais que um momento.

Entretanto, as almas e formas substanciais dos outros corpos são bem diferentes das almas inteligentes, as únicas que conhecem as próprias ações, e que, não só jamais perecem naturalmente, como conservam para sempre o fundamento do conhecimento do que são, o que faz delas as únicas suscetíveis de castigo e recompensa e cidadãs da república do universo cujo monarca é Deus. Segue-se daí também que todas as demais criaturas as devem servir, assunto de que trataremos mais amplamente adiante.

XIII.

Como a noção individual de cada pessoa encerra de uma vez por todas tudo o que lhe acontecerá, nela também se vêem as provas a priori da verdade de cada acontecimento, ou a razão pela qual aconteceu um e não outro, mas essas verdades, embora certas, não deixam de ser contingentes, estando fundadas no livre-arbítrio de Deus ou das criaturas, cuja escolha tem sempre razões que inclinam sem obrigar

Antes de seguir adiante, porém, é preciso intentar resolver uma grande dificuldade que pode nascer dos fundamentos expostos acima. Dissemos que a noção de uma substância individual encerra de uma vez por todas tudo o que lhe pode acontecer, e que, considerando esta noção, se pode ver nela tudo o que sobre ela se poderia enunciar, assim como da natureza do círculo se podem deduzir todas as suas propriedades. Parece, no entanto, que, com isso, a diferença entre as verdades necessárias e contingentes se anularia, a liberdade humana não teria lugar e uma fatalidade absoluta reinaria sobre todas as nossas ações, assim como sobre o resto dos acontecimentos do mundo. A isto respondo que é preciso fazer uma distinção entre o que é certo e o que é necessário: todos concordam que os futuros contingentes são certos, porque Deus os prevê, sem, no entanto, com isso assentir que sejam necessários. Porém (dir-se-á), uma conclusão que, infalivelmente, se possa deduzir de uma definição ou noção há de ser uma conclusão necessária. Ora, se sustentamos que tudo o que deve acontecer a uma pessoa está virtualmente compreendido em sua natureza ou noção, como as propriedades do círculo estão compreendidas em sua definição, a dificuldade ainda persiste. Para resolvê-la solidamente, digo que existem duas espécies de conexão ou consecução: uma, cujo contrário implica contradição, que é absolutamente necessária – é a dedução que tem lugar nas verdades eternas, como as da geometria; e outra, que só é necessária *ex hypothesi*, e, por assim dizer, por acidente, e é contingente em si mesma, quando o contrário não implica contradição. Esta conexão está fundada não só nas idéias absolutamente puras e no simples entendimento de Deus, como também em seus decretos livres e na sucessão do universo.

Tomemos um exemplo: se Júlio César se fizer ditador perpétuo e senhor da república, suprimindo a liberdade aos romanos, esta ação há de estar compreendida na noção de César, pois supomos ser a natureza de uma noção perfeita de sujeito a de tudo compreender, a fim de que o predicado esteja nele contido, *ut possit inesse subjecto*[16]. Objetar-se-á talvez que esta noção ou idéia não poderia ser a causa de César cometer tal ato, uma vez que este só lhe convém porque Deus sabe tudo. Insistir-se-á, porém, em que a natureza ou a forma de César corresponde a essa noção, e uma vez que Deus lhe impôs tal personagem, ele, doravante, terá de desempenhá-la. Eu poderia responder apelando para os futuros contingentes, porque eles ainda não são reais, senão no entendimento e na vontade de Deus, e uma vez que Deus lhes deu de antemão esta forma, é preciso que de algum modo que eles lhe correspondam.

Prefiro, porém, resolver as dificuldades em vez de justificá-las com recurso a dificuldades semelhantes, e o que direi servirá para esclarecer tanto uma como outra. É, pois, o

---

[16] Tradução: *para que possa ser inerente ao sujeito*.

momento de aplicar a distinção entre as duas espécies de conexão, e afirmo que o que acontece em conformidade com essas antecipações[17] é certo, mas não necessário, e se acaso alguém fizesse o contrário, não faria nada em si mesmo impossível, embora seja impossível (*ex hypothesi*) que isso aconteça. Pois, se houvesse um homem capaz de proceder a toda a demonstração pela qual se poderia provar a conexão existente entre o sujeito que é César e o predicado que é sua campanha vitoriosa, tal homem efetivamente seria capaz de mostrar que a futura ditadura de César teria fundamento na própria noção ou natureza de César, na qual também se encontraria a razão pela qual ele decidiu avançar, e não se deter, diante do Rubicão e pela qual ganhou, em vez de perder, a batalha de Farsália; e que, desde sempre, seria razoável, e por conseguinte certo, que isso aconteceria, embora em si mesmo não fosse necessário nem o contrário implicasse contradição. Mais ou menos como é razoável e certo que Deus fará sempre o melhor, embora o menos perfeito não implique contradição.

O que se teria é que a demonstração desse predicado de César não é tão absoluta quanto a dos números ou da geometria, mas supõe a sucessão das coisas livremente escolhidas por Deus e está fundada no primeiro decreto livre de Deus, que manda fazer sempre o mais perfeito, e no decreto divino (subseqüente ao primeiro) que dispõe sobre a natureza humana, segundo o qual o homem fará sempre (embora livremente) o que parecer melhor. Ora, toda verdade fundada em decretos desta espécie, apesar de certa, é contingente; porque esses decretos não mudam a possibilidade das coisas e, como já disse, ainda que Deus certamente escolha sempre o melhor, isso não impede o menos perfeito de ser e permanecer em si mesmo possível, embora não aconteça, pois não

---

[17] ..."essas antecipações": ou seja, as características impostas por Deus, como a natureza ou a forma de César.

é sua impossibilidade, mas sua imperfeição, que o repele. Ora, nada é necessário quando o oposto é possível.

    Estar-se-á, assim, pronto a resolver dificuldades desta espécie, por maiores que pareçam (e, com efeito, elas não são menos importantes para todos os que já trataram esta matéria), contanto que se considere atentamente que todas as proposições contingentes têm razões para serem como são, e não de outra maneira, ou (o que é a mesma coisa) que elas contêm provas *a priori* de sua verdade, as quais as tornam certas e mostram que a conexão entre seus sujeitos e predicados se funda na natureza de uns e de outros. Tais proposições, porém, não dão demonstração alguma de necessidade, pois que suas razões se fundam unicamente no princípio da contingência ou da existência das coisas, isto é, no que é ou parece melhor entre várias coisas igualmente possíveis. As verdades necessárias são, pelo contrário, fundadas no princípio de contradição e na possibilidade ou impossibilidade das próprias essências, sem nenhuma relação com a vontade livre de Deus nem das criaturas.

XIV.

Deus produz substâncias diversas segundo as diferentes perspectivas que tem do universo e, por intervenção de Deus, cada substância é de natureza tal que o que acontece a uma tem correspondência com o que acontece a todas as demais, sem que no entanto isto implique que umas ajam imediatamente sobre as outras

Conhecido de algum modo o em que consiste a natureza das substâncias, é preciso explicar a dependência que umas têm das outras, e suas ações e paixões. Ora, em primeiro lugar, é bem claro que as substâncias criadas dependem de Deus, que não só as conserva como também as produz continuamente por uma espécie de emanação, como nós produzimos nossos pensamentos. Pois Deus, revolvendo, por assim dizer, por todos os lados e de todos os modos, o sistema geral dos fenômenos que julga bom produzir para manifestar Sua glória, e observando todas as faces do mundo de todas as maneiras possíveis, pois não há relação que escape à sua onisciência, a cada vista que obtém do universo, como se observado de um lugar diferente, dá origem a uma substância que exprime o universo segundo este ponto de vista, bastando para isso que considere bom efetuar seu pensamento e produzir tal substância. E como a visão de Deus é sempre verdadeira, as nossas percepções também o são, embora os nossos juízos, que são nossos, nos enganem.

Ora, como dissemos acima, e é o que se segue do que acabamos de dizer, cada substância é como um mundo à parte, e não depende de nenhuma outra coisa, senão de Deus. Assim, todos os nossos fenômenos, ou seja, tudo o que, em qualquer tempo, nos possa acontecer, não são mais que conseqüências do nosso ser. E, dado que esses fenômenos guardam certa ordem conforme a nossa natureza, ou, por assim dizer, ao mundo que existe em nós – o que faz com que possamos fazer observações úteis para regular nossa conduta, justificadas pelo sucesso dos fenômenos futuros, de modo que possamos julgar freqüentemente o futuro pelo passado sem nos enganarmos –, só isso bastaria para os considerarmos verdadeiros sem nos preocuparmos se eles estão fora de nós e se os outros também os percebem. É bem verdade, porém, que as percepções ou expressões de todas as substâncias se correspondem, de modo que qualquer indivíduo, seguindo atentamente certas razões ou leis semelhantes às observadas por outro, chega igualmente aonde este chegou, como indivíduos que, tendo combinado encontrar-se em determinado lugar, efetivamente o fazem, se quiserem. Mas, por mais que todas as substâncias exprimam os mesmos fenômenos, nem por isso suas expressões hão de ser perfeitamente semelhantes, basta que sejam proporcionais, como entre espectadores que julgam ver a mesma coisa, e com efeito se entendem entre si, embora cada um veja e fale conforme a medida de sua própria visão.

Ora, só Deus (de quem todos os indivíduos emanam continuamente, e que vê o universo não só como eles o vêem, mas também de maneira totalmente diversa) pode ser a causa desta correspondência entre os fenômenos e fazer com que o que é particular de cada um seja comum a todos. De outro modo, não haveria vínculo possível. Poder-se-ia dizer, ainda, de modo geral, e em sentido próprio, embora um pouco afastado do uso corrente, que uma substância particular nunca age sobre outra substância particular nem padece sua ação, se se considera que tudo o que acontece a cada uma é simples conseqüência de sua idéia ou noção completa, pois esta idéia já encerra em si todos os predicados ou acontecimentos e exprime o universo inteiro. De fato, nada nos pode acontecer, senão pensamentos e percepções, e todos os nossos pensamentos e nossas percepções futuras são simples conseqüências, ainda que contingentes, de nossos pensamentos e nossas percepções precedentes, de modo que, se eu fosse capaz de considerar distintamente tudo o que me acontece ou aparece neste momento, poderia ver tudo o que me acontecerá ou aparecerá, em qualquer tempo, ou seja, o que não faltaria, e me aconteceria mesmo que tudo ao redor de mim fosse destruído, desde que restássemos Deus e eu. Como, porém, nós atribuímos a outras coisas o que de certo modo percebemos como causas que agem sobre nós, é preciso examinar o fundamento deste juízo e o que há de verdadeiro nele.

XV.

Que a ação de uma substância finita sobre outra consiste tão-somente no aumento do grau de sua expressão acompanhado da diminuição do grau de expressão da outra, porquanto Deus as obriga a acomodar-se entre si

Mas, sem entrar em uma longa discussão, e a fim de conciliar a linguagem metafísica com a prática, basta por ora notar que nós nos atribuímos principalmente, e com razão, os fenômenos que exprimimos mais perfeitamente; e atribuímos às outras substâncias o que cada uma exprime melhor. Assim, uma substância que tem extensão infinita, porque exprime tudo, torna-se limitada pelo seu modo mais ou menos perfeito de se exprimir. É neste sentido que se pode imaginar que as substâncias impedem ou limitam umas às outras e que, conseqüentemente, se pode dizer que umas agem sobre as outras e todas são, por assim dizer, obrigadas a se acomodarem entre si. Pois pode acontecer que uma mudança que aumente a expressão de uma, diminua a expressão da outra. Ora, a virtude de uma substância particular é bem exprimir a glória de Deus, e aí é que ela é menos limitada. E todas as coisas, quando exercem sua virtude ou potência – quer dizer, quando agem –, mudam para melhor e se estendem na ação. Assim, quando acontece uma mudança que tem implicação sobre muitas substâncias (uma vez que, com efeito, qualquer mudança toca a todas elas), creio que se pode dizer que, com isso, aquela que imediatamente passa a um grau superior de perfeição, ou a uma expressão mais perfeita, exerce sua potência e *age*; e aquela que passa a um grau inferior, acusa sua fraqueza e *padece*. Julgo, pois, que toda ação de uma substância dotada de percepção implica algum *prazer*, e toda paixão, alguma *dor*; e assim também vice-versa, pois pode muito bem acontecer de uma vantagem presente ser destruída por um mal maior no futuro. E é daí que se segue e que se pode pecar agindo – quer dizer, exercendo a própria potência – e encontrando prazer.

XVI.

Que a intervenção extraordinária de Deus está compreendida no que nossa essência exprime, pois esta expressão se estende a tudo, mas ultrapassa as forças de nossa natureza ou expressão distinta, que é finita e segue certas máximas subalternas

Só resta agora explicar como é possível que Deus às vezes intervenha nos homens ou em outras substâncias por concurso extraordinário e milagroso, já que parece que nada lhes pode acontecer de extraordinário ou sobrenatural, visto que tudo o que lhes acontece é conseqüência de sua própria natureza. É preciso, no entanto, lembrar o que dissemos acima acerca dos milagres no universo, ou seja, que estão sempre em conformidade com a lei universal da ordem geral, embora estejam acima das máximas subalternas. E na medida que cada pessoa ou substância é um mundo menor que exprime o maior, pode-se propriamente dizer que essa ação extraordinária de Deus sobre a substância, mesmo estando compreendida na ordem geral do universo – enquanto expresso pela essência ou noção individual desta substância – não deixa de ser milagrosa. Isto porque, se, por um lado, compreendemos tudo o que se exprime em nossa natureza, por outro, nela não há nada de sobrenatural, uma vez que compreende tudo: pois um efeito sempre exprime sua causa, e a verdadeira causa das substâncias é Deus. Como, porém, nossa natureza exprime mais perfeitamente o que lhe é mais particular – pois nisto consiste sua potência, que é limitada, como acabei de explicar –, existem muitas coisas que ultrapassam suas forças, assim como as forças de todas as naturezas limitadas. Por conseguinte, para falar mais claro, afirmo que os milagres e as intervenções extraordinárias de Deus têm a propriedade de não poderem ser previstos pelo raciocínio de nenhum espírito criado, por mais esclarecido que seja, porque a compreensão distinta da ordem geral está além do seu alcance; e tudo o que chamamos natural depende das máximas menos gerais que as criaturas podem compreender. A fim, pois, de tornar as palavras tão irrepreensíveis quanto seu sentido, seria conveniente ligar certos modos de falar a certos pensamentos. Poder-se-ia chamar nossa "essência" ou "idéia" aquilo que compreende tudo o que nós exprimimos, e que não tem limites nem pode ser ultrapassado por nada, porque exprime nossa própria união com Deus. Já o que é limitado em nós poderia ser chamado nossa "natureza" ou "potência" e, neste sentido, tudo o que supera as naturezas de todas as substâncias criadas é sobrenatural.

XVII.

Exemplo de uma máxima subalterna ou lei da natureza. Onde se demonstra, contra os cartesianos e vários outros, que Deus conserva sempre a mesma força, mas não a mesma quantidade de movimento

Já mencionei várias vezes as máximas subalternas ou leis da natureza e me parece que seria bom oferecer um exemplo delas. Freqüentemente os nossos novos filósofos servem-se daquela famosa regra segundo a qual Deus conserva sempre a mesma quantidade de movimento no mundo. Com efeito, ela é muito plausível e, no passado, também eu a considerava indubitável. Depois, porém, reconheci em que consistia o erro. É que o sr. Descartes e outros hábeis matemáticos acreditaram que a quantidade de movimento, isto é, a velocidade multiplicada pela grandeza[18] do móvel, coincide inteiramente com a força motriz, ou geometricamente falando, que as forças estão na razão composta das velocidades e dos corpos. Ora, é razoável que a força se conserve sempre a mesma no universo. Pois, quando se observam os fenômenos, vê-se claramente que o movimento mecânico perpétuo é impossível, caso contrário a força de uma máquina, que diminui pouco a pouco, por causa do atrito, até esgotar-se por completo, se restabeleceria e, conseqüentemente, aumentaria por si própria, sem nenhum novo impulso de fora; e observa-se igualmente que a força de um corpo só diminui na medida em

---

[18] Grandeza: massa corporal.

que ele a transfere a outros corpos contíguos ou às suas próprias partes que têm movimento independente. Por isto eles acreditaram que o que se pode dizer da força também se poderia dizer da quantidade de movimento. Mas, para mostrar a diferença, suporei que um corpo que cai de certa altura possa adquirir força para retornar a esta mesma altura, desde que sua direção para lá o conduza e que ele não encontre nenhum obstáculo: um pêndulo, por exemplo, poderia perfeitamente retornar à mesma altura de onde desceu, se a resistência do ar e outros pequenos obstáculos não lhe diminuíssem um pouco a força adquirida.

Suporei também que é preciso igual força para elevar um corpo A, pesando uma libra, à altura CD de quatro toesas[19], e um corpo B, de quatro libras, à altura EF de uma toesa. Tudo isso admitem nossos novos filósofos.

Fica, portanto, evidente que o corpo A, caindo da altura CD, adquirirá precisamente a mesma força do corpo B, caindo da altura EF; pois o corpo (B) em chegando a F, e aí encontrando força para retornar a E (pela primeira suposição), terá conseqüentemente força para elevar um corpo de quatro libras, a saber, seu próprio corpo, à altura EF de uma toesa. E também o corpo (A), em chegando a D, e aí encontrando força para voltar a C, terá força para elevar um corpo de uma libra, isto é, seu próprio corpo, à altura de quatro toesas. Logo (pela segunda suposição), a força dos dois corpos é igual.

---

[19] Toesa: antiga medida de comprimento francesa, equivalente a 1,94 m.

Vejamos agora se a quantidade de movimento também é a mesma de parte a parte: e aqui, surpreendentemente, encontraremos uma enorme diferença. Já foi demonstrado por Galileu que a velocidade da queda CD corresponde ao dobro da alcançada pela queda EF, apesar de aquela ter o quádruplo da altura desta. Multipliquemos o corpo A, que é igual a 1, por sua velocidade, que é igual a 2, e o produto ou a quantidade de movimento será igual a 2; multipliquemos o corpo B, que é igual a 4, por sua velocidade, que é igual a 1, e o produto ou a quantidade de movimento será igual a 4. Logo, a quantidade de movimento do corpo A no ponto D corresponde à metade da quantidade de movimento do corpo B no ponto F, e, no entanto, as forças de ambos são iguais. Há, portanto, uma grande diferença entre a quantidade de movimento e a força, como se queria demonstrar.

Por aí se vê como a força deve ser medida pela quantidade do efeito que pode produzir, como, por exemplo, a altura a que se pode erguer um corpo pesado de determinada grandeza e espécie, o que é bem diferente da velocidade que se lhe pode dar. E para lhe dar o dobro da velocidade é necessário mais do que o dobro da força.

Nada é mais simples que esta prova; e o sr. Descartes só caiu em erro aqui por confiar demais nos próprios pensamentos antes que se fizessem suficientemente maduros. Espanta-me, porém, que, depois, seus seguidores não tenham reparado no erro; e temo que, pouco a pouco, comecem a imitar os peripatéticos de quem zombam e, como eles, se acostumem a consultar mais os livros de seu mestre que a razão e a natureza.

XVIII.

A distinção da força e da quantidade de movimento é importante, entre outras coisas, para julgar a necessidade de recorrer as considerações metafísicas independentes da extensão a fim de explicar o fenômeno dos corpos

Essa consideração, de que a força é distinta da quantidade de movimento, é muito importante não só na física e na mecânica, para encontrar as verdadeiras leis da natureza e regras do movimento, e até para corrigir vários erros de prática que se insinuaram nos escritos de alguns hábeis matemáticos, como também na metafísica, para melhor entender os princípios. Pois o movimento, se não se considera apenas o que precisa e formalmente constitui, ou seja, uma mudança de lugar, não é coisa inteiramente real; e, quando vários corpos mudam de situação entre si, não é possível determinar pela simples consideração dessas mudanças a quais deles se deve atribuir o movimento ou o repouso, como o poderia demonstrar geometricamente, se me quisesse deter neste ponto.

Mas a força, ou causa próxima destas mudanças, é muito mais real, e há muito mais fundamento em atribuí-la mais a um corpo que a outro; e só desta maneira é possível saber, propriamente, a qual deles pertence a primazia do movimento. Ora, a força em questão difere, de algum modo, do tamanho, da figura e do movimento, e pode-se considerar, por isso, que tudo o que se supõe de um corpo não consiste apenas na extensão e em suas modificações, como imaginam nossos modernos. Somos, portanto, obrigados a recuperar alguns entes ou formas por eles banidos. E parece cada vez mais, embora todos os fenômenos particulares da natureza possam ser explicados matemática ou mecanicamente pelos que os conhecem, que os próprios princípios gerais da natureza corpórea e até da mecânica são mais metafísicos que geométricos, e correspondem mais a algumas formas ou naturezas indivisíveis, como as causas das aparências do que à massa corpórea ou extensa. Reflexão esta que é capaz de reconciliar a filosofia mecânica dos modernos com a circunspecção de algumas pessoas inteligentes e bem intencionadas que temem, com certa razão, que nos afastemos demais dos entes imateriais em prejuízo da piedade.

XIX.

Da utilidade das causas finais na física

Como não me agrada julgar mal a ninguém, não faço acusação alguma a nossos novos filósofos, que pretendem banir as causas finais da física, mas sou obrigado a advertir ao menos que me parecem perigosas as conseqüências desta opinião, sobretudo se a identifico àquela, já refutada no início deste discurso, que me parece querer excluir completamente as causas finais, como se Deus agisse sem se propor nenhuma finalidade nem bem, ou como se não fosse o bem o objeto de sua vontade. Eu de minha parte digo, pelo contrário, que é nelas que se deve procurar o princípio de todas as existências e das leis da natureza, porque Deus sempre se propõe o melhor e o mais perfeito.

Reconheço que estamos sujeitos a nos iludir quando pretendemos determinar os fins ou os desígnios de Deus, mas só quando queremos limitá-los a um propósito particular, supondo que Deus só tenha visto uma coisa, quando ele vê tudo ao mesmo tempo. É o que acontece quando acreditamos que Deus fez o mundo somente para nós – o que é uma grande ilusão –, embora seja muito verdadeiro que ele o tenha feito inteiramente para nós, e que não há nada no universo que não nos diga respeito e não se acomode aos desígnios que Deus tem para nós, conforme os princípios enunciados acima. Assim, quando vemos qualquer bom efeito ou perfeição procedente ou conseqüente das obras de Deus podemos dizer, com certeza, que ele atende ao propósito de Deus. Pois Deus não faz nada por acaso, e é diferente de nós, a quem por vezes escapa fazer o bem. Eis por que, longe de ser possível exagerar nesta matéria – como o fazem os políticos exaltados, que vêem demasiada sagacidade nos desígnios dos príncipes, ou os comentadores que procuram excessiva erudição em seus autores –, nunca é demasiada a reflexão que se pode atribuir a esta sabedoria infinita, e nem há outra matéria em que se pode temer menos o erro, desde que se limite a afirmar e se evitem as proposições negativas, que limitam os desígnios de Deus.

Quem vê a admirável estrutura dos animais é levado a reconhecer a sabedoria do autor das coisas; e aconselho os que têm algum sentimento de piedade e até de verdadeira filosofia a se afastarem das frases de certos espíritos excessivamente pretensiosos, que dizem que vemos porque acontece termos olhos, sem dizer que os olhos foram feitos para ver. Quando se está seriamente persuadido de opiniões, assim que tudo concedem à necessidade da matéria ou a certa espécie de acaso (por mais que um e outro devam parecer ridículos aos que compreendem o que explicamos acima), é difícil que se possa reconhecer um autor inteligente da natureza. Pois o efeito deve corresponder à causa e até se conhece melhor pelo conhecimento da causa, e não é razoável introduzir uma inteligência soberana ordenadora das coisas para, no momento seguinte, em vez de recorrer à sua sabedoria, servir-se apenas das propriedades da matéria para explicar os fenômenos. É como se, para explicar a conquista de uma fortaleza importante por um grande príncipe, um historiador preferisse dizer que os corpúsculos de pólvora do canhão entraram em contato com uma faísca e se expandiram com velocidade tal que lançaram um corpo pesado e duro contra as muralhas da fortaleza, enquanto as redes de corpúsculos que compõem o cobre do canhão, estando bem entrelaçadas, não se separaram devido a esta velocidade. Isto, em vez de relatar a previdência com que o conquistador escolheu a oportunidade e os meios propícios e a potência com que superou todos os obstáculos.

XX.

Notável passagem de Sócrates, em Platão, contra os filósofos excessivamente materialistas

Isto me faz lembrar uma bela passagem de Sócrates no *Fédon*, de Platão, maravilhosamente concorde com as minhas próprias opiniões sobre o assunto, e que parece feita de encomenda contra os filósofos excessivamente materialistas de nossos dias. Esta conformidade despertou-me o desejo de traduzi-la, embora seja um pouco longa. Talvez esta amostra venha a dar ocasião a alguns de nós de partilhar alguns dos muitos pensamentos belos e sólidos que constam dos escritos do famoso autor[20].

"Um dia, diz Sócrates, ouvi alguém ler um livro de Anaxágoras, em que havia estas palavras que diziam que um ser inteligente fora a causa de todas as coisas, e que ele as dispusera e ordenara. Aquilo me alegrou imensamente, pois eu acreditava que, se o mundo fosse o efeito de uma inteligência, tudo seria feito da maneira mais perfeita possível. É que eu acreditava que quem quisesse explicar por que as coisas são geradas ou perecem ou subsistem deveria procurar pelo que é mais conveniente para a perfeição de cada coisa. O homem só teria, portanto, de considerar, em si mesmo e em qualquer outra coisa, o melhor e o mais perfeito, pois quem conhecesse

---

[20] O trecho que se segue corresponde à tradução algo livre e modificada que Leibniz faz para o francês da passagem do *Fédon*, de Platão, em que Sócrates rejeita as explicações filosóficas naturalistas (97 b – 99c). Com as reticências, Leibniz indica as passagens que omitiu intencionalmente.

o mais perfeito julgaria facilmente, por este, o que fosse imperfeito, uma vez que a ciência de um e é a mesma do outro.

Considerando tudo isso, alegrava-me ter encontrado um mestre que poderia ensinar as razões das coisas: por exemplo, se a terra é redonda ou plana, e por que seria melhor que fosse de um modo e não de outro. Também esperava que ele me dissesse se a terra está ou não no centro do universo, e por que seria mais conveniente assim... E que me desse explicações semelhantes a propósito do sol, da lua, das estrelas e dos seus movimentos... Esperava enfim que, depois de me mostrar o que era mais adequado em cada coisa em particular, ele me mostrasse o que fosse melhor em geral.

Cheio desta esperança, tomei e percorri os livros de Anaxágoras com muito entusiasmo, mas acabei muito longe do esperado, pois percebi atônito que ele não se servia em nada dessa inteligência governadora a que deu primazia, que não mais falava mais da ordem nem da perfeição das coisas e que introduzia certas matérias etéreas pouco verossímeis.

Nisso procedia como aquele que tendo dito que Sócrates faz as coisas com inteligência, achando-se depois a explicar particularmente as causas de suas ações, dissesse que ele está sentado aqui porque tem um corpo composto de ossos, de carne e de nervos; que os ossos são sólidos, mas têm intervalos ou articulações; que os nervos se contraem e se distendem; e que, por isso, o corpo é flexível e, portanto, estou sentado. Ou como quem, para justificar o presente discurso, recorresse ao ar, aos órgãos da voz e do ouvido ou coisas semelhantes, esquecendo, contudo, as verdadeiras causas, ou seja, que os atenienses julgaram melhor que eu fosse condenado e não absolvido, e que eu, de minha parte, julguei melhor permanecer aqui sentado que fugir. Pois garanto que, sem isso, há muito tempo, estes ossos e estes nervos já estariam entre os beócios e os megários, caso eu não achasse mais justo e mais honesto sofrer o castigo que a pátria me quer dar que viver fora dela vagabundo e exilado. Eis por que não é razoável chamar a estes ossos e nervos, e a seus movimentos, de causas.

É verdade que quem dissesse que eu não poderia fazer nada disto sem ossos nem nervos teria razão, mas uma coisa é a verdadeira causa... e outra, a condição sem a qual a causa não poderia ser causa...

Os que se limitam a afirmar, por exemplo, que é o movimento dos corpos ao redor da terra que a sustentam em seu lugar esquecem que a potência divina dispõe todas as coisas da maneira mais bela e não compreendem que são o bem e o belo que unem, formam e mantêm o mundo..."

Isto em Sócrates, porque o que se segue em Platão sobre as idéias ou formas não é menos excelente, mas é um pouco mais difícil.

XXI.

Se as regras mecânicas dependessem exclusivamente da geometria, sem a metafísica, os fenômenos seriam totalmente outros

Ora, se sempre se reconheceu a sabedoria de Deus no pormenor da estrutura mecânica de alguns corpos em particular[21], é necessário que ela se manifeste também na economia geral do mundo e na constituição das leis da natureza. E isto é tão verdadeiro que se podem observar os preceitos dessa sabedoria nas leis do movimento em geral. Pois, se só houvesse nos corpos uma massa extensa, e não houvesse mais no movimento que mudança de lugar, e se tudo se pudesse e devesse deduzir destas definições por uma necessidade geométrica, então, como demonstrei em algum ponto, um corpo menor poderia transmitir a um maior, que estivesse em repouso e com o qual se encontrasse, a mesma velocidade que tem, sem perder o mínimo da sua. E seria necessário admitir uma variedade de outras regras como esta, inteiramente contrárias à formação de um sistema. Mas nisto provou o decreto da sabedoria divina de conservar enfim sempre a mesma força e a mesma direção.

Creio ainda que vários efeitos da natureza se podem demonstrar de dois modos, sendo eles, pela consideração da causa eficiente e também, independentemente desta, pela consideração da causa final, recorrendo, por exem-

---

[21] Como a "admirável estrutura dos animais", a que o autor se refere no § XIX.

plo, ao decreto divino de sempre produzir efeitos pelas vias mais simples e determinadas, como demonstrei em outra ocasião, para explicar as regras da catóptrica e da dióptrica[22], e assunto sobre o qual discorrerei mais longamente adiante.

---

[22] Leibniz remete a seu *Unicum Opticae, Catoptricae et Dioptricae Principium*, de 1682.

XXII.

*Conciliação de duas vias, pelas causas finais
e pelas causas eficientes, para satisfazer tanto
os que explicam a natureza mecanicamente
como os que recorrem às naturezas incorpóreas*

Esta observação vem a propósito para conciliar os que pretendem explicar mecanicamente a formação do primeiro tecido de um animal, e de toda a máquina de suas partes, com os que explicam a mesma estrutura pelas causas finais. Ambas as explicações são boas e podem ser úteis, não só para admirar a obra do grande artífice, como também para descobrir coisas úteis na física e na medicina. E os autores que seguem um ou outro caminho não se deveriam hostilizar.

Noto, entretanto, que os que professam a beleza da anatomia divina zombam dos que imaginam que um movimento de certos líquidos, aparentemente fortuito, poderia ter gerado uma tão bela variedade de membros, e acusam-nos de temerários e profanos. Estes, pelo contrário, vêem os primeiros como ignorantes e supersticiosos, comparáveis àqueles antigos que consideravam ímpios os físicos que defendiam não ser Júpiter quem troveja, e sim alguma matéria dentro das nuvens. Melhor seria juntar as duas considerações, pois se me é lícito valer de uma comparação vulgar, eu reconheço e exalto a destreza de um artesão não só apontando os propósitos com que ele construiu as peças de suas máquinas, mas mostrando também os instrumentos de que se serviu para fazer cada peça, principalmente quando estes instrumentos são simples e engenhosamente inventados. *E Deus é um artesão destro o bastante* para produzir uma máquina mil vezes mais engenhosa que a de nosso corpo, servindo-se apenas de certos líquidos muito simples, expressamente formados de modo que bastem as leis ordinárias da natureza para fazer a devida mistura e produzir um efeito tão admirável, sendo verdade, no entanto, que este efeito jamais aconteceria se Deus não fosse o autor da natureza.

Creio, porém, que a via das causas eficientes, que é efetivamente mais profunda e, de certo modo, mais imediata e *a priori*, seja, em compensação, muito mais difícil, quando se vai ao pormenor, e creio que nossos filósofos ainda estão, em geral, muito longe dela. Já a via das causas finais é mais fácil, e freqüentemente não deixa de servir para adivinhar verdades importantes e úteis, que demandariam muito tempo de busca pelo caminho mais físico, do qual a anatomia pode fornecer exemplos consideráveis. Acho que Snellius[23], o primeiro inventor das regras de refração, teria demorado muito mais a encontrá-las, se tivesse querido, primeiro, descobrir como a luz se forma. Mas ele, aparentemente, preferiu seguir o método que os antigos aplicaram à catóptrica, que, com efeito, vai pelas causas finais. Pois estes, procurando o caminho mais fácil para conduzir um raio de luz de um ponto dado a outro, pela reflexão em um plano dado (supondo ser este o desígnio da natureza), descobriram a igualdade dos ângulos de incidência e de reflexão, como se pode ver em um tratado de Heliodoro de Larissa[24] e em outros lugares. Foi o que, creio eu, o sr. Snellius e, depois dele (embora sem

---

[23] Snellius, ou Willebrord Snell van Roijen (1591-1626), matemático holandês. Em 1621, ele descobriu experimentalmente a lei da refração da luz, hoje geralmente atribuída a Descartes, que só a redescobriu em 1637 e a divulgou.

[24] O grego Heliodoro de Larissa (século III-IV d.C.) é um dos autores antigos cujos estudos sobre a reflexão (catóptrica) teriam servido de base à experiência de Snellius sobre a refração (dióptrica).

nada conhecer dele), o sr. Fermat[25] aplicaram ainda mais engenhosamente à refração. Pois, quando os raios observam nos mesmos meios a mesma proporção dos senos, que também é a da resistência dos meios, tem-se que esta é a via mais fácil, ou pelo menos a mais determinada, de passar de um ponto dado em um meio a outro ponto dado em outro. E falta muito para que a demonstração do mesmo teorema pelo sr. Descartes, que a intentou fazer pela via das causas eficientes, seja tão boa. Pode-se suspeitar, ao menos, de que ele jamais a teria descoberto, por esta via, se nada houvesse sabido na Holanda da descoberta de Snellius.

---

[25] Pierre de Fermat (1601-1665), matemático francês que estabeleceu o princípio (princípio de Fermat), segundo o qual, para ir de um ponto a outro, a luz segue o trajeto de menor duração.

XXIII.

Para voltar às substâncias imateriais, explica-se como Deus atua no entendimento dos espíritos e se sempre se tem a idéia do que se pensa

Pareceu-me oportuno insistir um pouco nestas considerações das causas finais, das naturezas incorpóreas e de uma causa inteligente que tem ligação com os corpos, para mostrar-lhes a aplicação até na física e na matemática, a fim de livrar, por um lado, a filosofia mecânica do caráter profano que se lhe imputa e de elevar, por outro, o espírito dos nossos filósofos de considerações tão-somente materiais para meditações mais nobres. Mas agora é conveniente voltar dos corpos para as naturezas imateriais, e particularmente para os espíritos, e dizer alguma coisa da maneira como Deus os ilumina e atua sobre eles – e aí também, indubitavelmente, intervêm certas leis da natureza, das quais falarei mais profusamente mais tarde. Há de bastar por ora dizer alguma coisa das idéias, e indagar se nós vemos todas as coisas em Deus e de que modo Deus é nossa luz?

Virá a propósito observar que o mau uso das idéias dá ocasião a muitos erros. Pois quando se raciocina acerca de uma coisa, imagina-se ter uma idéia desta coisa, e este é o fundamento sobre o qual alguns filósofos, antigos e novos, basearam uma demonstração muito imperfeita de Deus[26]. É

---

[26] Leibniz refere-se à chamada prova ontológica da existência de Deus, adotada por Descartes, que a defendeu em seus escritos mais importantes. Ver, por exemplo, *Discurso do Método* (IV).

necessário, dizem eles, que eu tenha uma idéia de Deus ou de um ser perfeito, já que penso nele e não poderia pensar sem idéia; ora, a idéia deste ser encerra todas as perfeições, e a existência é uma delas; logo, Deus existe. Como, porém, também pensamos em muitas quimeras impossíveis como, por exemplo, no último grau da velocidade, no maior dos números e no encontro da conchóide[27] com a sua base ou regra, tal raciocínio não é suficiente. É neste sentido, pois, que se pode dizer que existem idéias verdadeiras e falsas segundo aquilo a que se referem seja possível ou não. Só se pode ostentar ter idéia de uma coisa, se se está seguro de sua possibilidade. Assim, o argumento acima citado prova pelo menos que Deus existe necessariamente, se for possível. O que, com efeito, é um excelente privilégio da natureza divina: só precisar de sua possibilidade ou essência para existir na realidade – e é isto justamente o que se chama *Ens a se*[28]

---

[27] Conchóide ou concóide: curva em forma de concha idealizada pelo matemático grego Nicomedes (III-II séc. a.C.). É "obtida pelo prolongamento ou diminuição (de um segmento constante) do raio vetor de cada ponto de curva (...) A conchóide de Nicomedes é a conchóide da linha reta e o caracol de Pascal é a conchóide da circunferência" (*Larousse Cultural*, 8 vols., 1987).
[28] *Ens a se*: o ser necessário. V. Leibniz, *Monadologia* (§ 45).

XXIV.

O que é um conhecimento claro ou obscuro; distinto ou confuso, adequado e intuitivo ou supositivo; e uma definição real, causal, essencial

Para melhor entender a natureza das idéias, é necessário fazer algumas considerações acerca da variedade dos conhecimentos. Quando posso reconhecer uma coisa entre as outras, mas sem poder dizer em que consistem suas diferenças ou propriedades, o conhecimento *é confuso*. Às vezes, sabemos *claramente*, e sem dúvida alguma, se um poema ou um quadro é bem ou mal feito, pois nele existe um não-sei-quê que nos satisfaz ou aborrece. Mas se posso explicar as particularidades do que vejo, aí o conhecimento se torna *distinto*. E tal é o conhecimento de um contrasteador, que discerne o verdadeiro do falso por meio de certas provas ou particularidades que definem o ouro.

Mas o conhecimento distinto tem graus, porque, em geral, as noções que entram na definição também carecem de definição e são conhecidas apenas de maneira confusa. Quando, porém, tudo o que entra em uma definição ou conhecimento distinto é conhecido distintamente – até as noções primitivas –, chamo este conhecimento *adequado*. Já quando meu espírito compreende simultânea e distintamente todos os ingredientes primitivos de uma noção, tem dela um conhecimento *intuitivo*, o que é muito raro, já que os conhecimentos humanos são, na maior parte, confusos, ou seja, *supositivos*.

Convém também discernir as definições nominais e reais. Chamo *definição nominal* a que pode suscitar dúvida sobre a possibilidade do conceito definido, como, por exemplo, se digo que um parafuso sem fim[29] é uma linha sólida cujas partes são congruentes ou podem incidir uma sobre a outra. Quem nunca viu um parafuso sem fim poderia duvidar se uma linha assim é possível, embora esteja aí com efeito uma propriedade recíproca do parafuso sem fim, pois as outras linhas que têm partes congruentes (ou seja, a circunferência do círculo e a linha reta) são planas, quer dizer, só podem ser traçadas *in plano*[30]. Por aí se vê que toda propriedade recíproca pode dar ocasião a uma definição nominal, mas quando a propriedade demonstra a possibilidade da coisa, dá origem à *definição real*. Ora, quando não se tem mais que uma definição nominal, não é possível ter certeza das conseqüências que daí se tiram; pois bastaria que ela ocultasse uma única contradição ou impossibilidade, e poderíamos chegar a conclusões opostas. Eis por que as verdades não dependem de nomes nem são arbitrárias como alguns novos filósofos supõem.

Quanto ao mais, também existe uma diferença entre as espécies de definições reais. Quando a possibilidade só se prova pela experiência – como na definição do argento vivo[31], cuja possibilidade se conhece porque se sabe que efetivamente existe um tal corpo, que é um fluido extremamente pesado e, no entanto, bastante volátil –, a definição é real, e mais nada. Quando, porém, a prova da possibilidade se faz *a priori*, a definição além de real é *causal*, como quando compreende a possível geração da coisa. E, quando esmiúça a análise até as noções primitivas, sem nada pressupor que tenha necessidade de prova *a priori* de sua possibilidade, então a definição é dita perfeita ou *essencial*.

---

[29] Parafuso sem fim: rosca dotada de filetes, como as que fazem girar uma roda dentada.
[30] *In plano*: no plano.
[31] Argento vivo: mercúrio.

XXV.

Em que caso nosso conhecimento se une à contemplação da idéia

Ora, é manifesto que nós não temos idéia de uma noção, quando ela é impossível. E se a tivéssemos, quando o conhecimento é meramente *supositivo*, não a contemplaríamos, pois tal noção não se conhece mais que as noções ocultamente impossíveis; e, quando ela é possível, não é este o modo de conhecimento que a apreende. Se eu penso, por exemplo, em mil ou em um quiliógono[32], faço-o geralmente sem contemplar a idéia (como quando digo que mil é dez vezes cem), sem me preocupar com o que é 10 e 100, pois *suponho* sabê-lo e creio não ser necessário que eu me detenha a concebê-lo no presente. Assim pode ocorrer, como de fato muitas vezes ocorre, de eu me enganar acerca de uma noção que eu suponho ou creio compreender, embora na verdade ela seja impossível, ou, ao menos, incompatível com as outras com as quais a combino; e esteja eu ou não enganado, esta maneira supositiva de concepção é a mesma. É só quando nosso conhecimento é *claro*, nas noções confusas, ou *intuitivo,* nas noções distintas, que conseguimos ver a idéia em sua totalidade.

---

[32] Quiliógono: polígono regular de mil lados.

XXVI.

Que nós temos em nós todas as idéias; e da reminiscência de Platão

Para entender bem o que é a idéia, é preciso prevenir um equívoco, pois muitos imaginam as idéias como formas ou mudanças dos nossos pensamentos, e, deste modo, só as retemos no espírito enquanto as pensamos, e, quando as pensamos de novo, são outras idéias da mesma coisa, embora muito semelhantes às precedentes. Já outros parecem entender a idéia como um objeto imediato do pensamento ou como forma permanente que persiste até quando a não contemplemos. Com efeito, nossa alma conserva permanentemente em si a qualidade de representar qualquer natureza ou forma quando a ocasião de a pensar se apresenta. E creio que esta qualidade que nossa alma tem de exprimir qualquer natureza, forma ou essência é propriamente a idéia da coisa, que está em nós, e sempre em nós, quer a pensemos quer não. Pois nossa alma exprime Deus e o universo, bem como todas as essências e todas as existências.

Isto condiz com os meus princípios, porque naturalmente nada entra em nosso espírito por fora, e temos o mau hábito de pensar como se nossa alma recebesse espécies mensageiras[33] e tivesse portas e janelas. Temos todas estas formas no espírito, e a qualquer tempo, porque o espírito sempre

---

[33] Espécies mensageiras: Leibniz ironiza o conceito de *specie* dos últimos escolásticos – em certos casos, verdadeiros eflúvios que se desprendem dos corpos das substâncias para sensibilizar o sujeito cognoscente.

exprime os seus pensamentos futuros e já pensa confusamente o que há de pensar distintamente. E nada poderíamos apreender cuja idéia já não esteja em nosso espírito, que é como a matéria de que se forma esse pensamento.

É o que Platão excelentemente considerou quando introduziu sua doutrina da reminiscência, que tem muito de sólido, desde que bem entendida e extirpada do erro da pre-existência, e desde que também não se imagine que a alma já tenha conhecido e pensado distintamente no passado as coisas que apreende e pensa no presente. Quanto ao mais, o próprio Platão confirmou sua opinião com uma bela experiência, apresentando um jovem que ele conduziu diligentemente às mais difíceis verdades da geometria no que toca aos incomensuráveis, sem nada lhe inculcar, e apenas fazendo perguntas em ordem e a propósito[34]. Isto mostra que nossa alma sabe virtualmente tudo isso e só necessita de *animadversão*[35] para conhecer as verdades e que, por conseguinte, ela tem ao menos as idéias de que estas verdades dependem. Pode-se dizer até que ela já tem estas verdades, se estas se entendem como relações entre as idéias.

---

[34] Leibniz cita o *Ménon* (82B–85B), de Platão.
[35] Animadversão: termo aqui empregado no sentido de "atenção", "reflexão", e não em sua acepção mais comum de "admoestação", "repreensão".

XXVII.

Como nossa alma pode ser comparada a tábuas vazias, e como as nossas noções vêm dos sentidos

Aristóteles preferiu comparar nossa alma a tábuas ainda vazias em que se pode escrever, e disse que tudo em nosso entendimento vem dos sentidos. Isto é mais compatível com as noções populares, como é próprio de Aristóteles; já Platão vai mais ao fundo. Mas estas espécies de doxologias ou praticologias[36] podem entrar no uso comum, mais ou menos como se nota que os que seguem Copérnico não deixam de dizer que o sol se levanta e se põe. Acho até que muitas vezes se lhes pode dar um sentido apropriado que nada tem de falso, e, assim como já apontei de que modo se pode dizer, verdadeiramente, que as substâncias particulares agem umas sobre as outras, assim também se pode dizer que recebemos de fora os conhecimentos, ministrados pelos sentidos, porque algumas coisas externas contêm ou exprimem mais particularmente as razões que determinam nossa alma a certos pensamentos. Mas quando se trata da exatidão das verdades metafísicas, é importante reconhecer a extensão e a independência de nossa alma, que vai muito além do que se supõe geralmente, embora no uso ordinário da vida só lhe atribuamos o que mais manifestamente percebemos e o que nos pertence de maneira mais particular, pois de nada serviria ir além daí.

---

[36] "Doxologias ou praticologias": respectivamente, discursos apoiados na opinião ou na prática.

Seria conveniente, contudo, para evitar equívocos, escolher termos próprios para um e outro significado. Assim, às expressões que estão em nossa alma, quer as concebamos quer não, poderíamos chamar *idéias*, enquanto as que se concebem ou se formam receberiam o nome de *noções, conceptus*. Seja como for, de qualquer modo que as entendamos, sempre é falso dizer que todas as nossas noções provêm dos sentidos ditos externos, pois as que vêm de mim e de meus pensamentos e, por conseguinte, do ser, da substância, da ação, da identidade e de outras coisas têm origem em uma experiência interna.

XXVIII.

Deus é o único objeto imediato de nossas percepções que vive fora de nós; e só ele é a nossa luz

Ora, dentro do rigor da verdade metafísica, não existe causa externa que atue sobre nós, exceto Deus; e somente ele se comunica imediatamente conosco, em virtude de nossa dependência contínua. De onde se segue que nenhum outro objeto externo nos toca a alma nem excita imediatamente a percepção. É, portanto, só por causa da ação contínua de Deus sobre nós, que temos em nossa alma as idéias de todas as coisas; ou seja, como todo efeito exprime a sua causa, a essência de nossa alma constitui uma certa expressão, imitação ou imagem da essência, pensamento e vontade divina e de todas as idéias nela contida. Pode-se dizer ainda que Deus é o único objeto imediato fora de nós, e que vemos todas as coisas por ele. Quando vemos, por exemplo, o sol e os astros, foi Deus quem nos deu e conserva a idéia deles, e que nos determina efetivamente a pensar neles, por meio de seu concurso ordinário, nas ocasiões em que nossos sentidos estão dispostos de determinado modo, segundo as leis por ele estabelecidas. Deus é o sol e a luz das almas, ou a *lumen illuminans omnem hominem venientem in hunc mundum*[37]; e não vem de hoje esta convicção. Além da Sagrada Escritura e dos santos padres, que sempre preferiram Platão a Aristóteles, lembro-me de ter notado freqüentemente, que, no tempo dos

---

[37] Tradução: *luz que ilumina todo homem que vem a este mundo* (João I, 9).

escolásticos, muitos creram que Deus é a luz da alma, e, para falar como eles, o *intellectus agens animae rationalis*[38]. Os averroístas[39] interpretaram mal esta doutrina, mas outros, entre os quais se encontram Guilherme de Saint-Amour[40] e diversos teólogos místicos, entenderam-na de maneira digna de Deus e capaz de elevar uma alma ao conhecimento do seu bem.

---

[38] Tradução: *o intelecto agente da alma racional.*
[39] Os averroístas, intérpretes ocidentais de Averróis (1126-1198), separavam a alma humana do intelecto agente, reduzindo-a a mera imagem deste. Tiveram em Tomás de Aquino (c.1225-1274) seu maior opositor.
[40] Guilherme de Saint-Amour (1202-1272) eminente professor de teologia em Paris, foi o líder dos doutores seculares que se insurgiram contra as ordens mendicantes (franciscanos, dominicanos etc.) no século XIII.

XXIX.

No entanto pensamos, imediatamente, por nossas próprias idéias, e não pelas de Deus

Não tenho, contudo, a mesma opinião de alguns exímios filósofos que parecem sustentar que nossas próprias idéias estão em Deus, e de maneira alguma em nós. Isto, a meu ver, provém de eles ainda não terem considerado devidamente nem as considerações que fizemos acerca das substâncias nem a grande extensão e a independência de nossa alma, que a faz compreender tudo o que com ela ocorre e exprimir Deus e todos os outros seres, possíveis e atuais, como um efeito exprime a sua causa. Além de que, é coisa inconcebível que eu pense pelas idéias de outrem. Também é preciso que a alma, de alguma maneira, quando pensa em alguma coisa, seja efetivamente modificada, e que nela exista, antecipadamente, não só a potência passiva de ser assim modificada – que já se encontra totalmente determinada – como também uma potência ativa, em virtude da qual em sua natureza tenham existido sempre os indícios da produção futura desse pensamento e das disposições que o produzirão no momento oportuno. E tudo isso já implica a idéia contida nesse pensamento.

XXX.

Como Deus inclina nossa alma sem a obrigar; que não temos o direito de nos queixar, e que não é necessário perguntar por que Judas peca, mas por que o pecador Judas tem preferência na existência a outras pessoas possíveis; e dos graus da graça

No tocante à ação de Deus sobre a vontade humana, existe uma grande quantidade de considerações muito difíceis, em que eu me demoraria muito a tratar aqui. Eis, no entanto, o que se pode dizer em termos gerais. Em seu concurso ordinário nas nossas ações, Deus só segue as leis que ele próprio estabeleceu. Ele conserva e produz continuamente nosso ser, de modo que os pensamentos nos chegam espontânea ou livremente na ordem que a noção de nossa substância individual demanda, e na qual seria possível prevê-los por toda a eternidade. Além disto, em virtude do decreto com que estabeleceu que a vontade sempre se inclina para o que é aparentemente melhor – exprimindo ou imitando a vontade divina em certos aspectos particulares em relação aos quais este bem aparente tem sempre alguma coisa de verdadeiro –, Deus determina a nossa vontade pela escolha do que parece melhor, sem no entanto a obrigar. Porque em termos absolutos, nossa vontade, enquanto se opõe à obrigação, se assenta na indiferença, e tem o poder de proceder de modo diferente ou, ainda de suspender totalmente a sua ação, pois ambas as decisões são e permanecem possíveis.

Também está em poder da alma precaver-se contra as surpresas das aparências pela firme vontade de fazer reflexões e de não agir e julgar, em certas circunstâncias, sem antes ponderar reta e longamente. E, no entanto, é verdadeiro, e está estabelecido por toda a eternidade, que sempre haverá alma que em uma tal circunstância não usará este poder. Mas quem a impediria? De quem mais ela poderia queixar-se, senão de si mesma? Pois toda queixa feita depois de um fato é injusta, quando seria injusta feita antes dele também. Ora, esta alma, pouco antes de pecar, poderia muito bem se ter queixado de que Deus a estaria determinando a pecar. Mas, se as determinações de Deus nessas matérias são coisas que não se podem prever, como saberia ela que Deus a determinou a pecar, senão depois de já ter efetivamente pecado? Bastaria não querer[41], e Deus teria proposto uma condição mais fácil e mais justa; como qualquer juiz que, antes de procurar as razões que levaram um homem a cometer uma má vontade, se limita a julgar quão má teria sido esta vontade. Mas então pode-se dizer que é certo, por toda a eternidade, que eu pecarei? Respondei-vos vós mesmos: talvez não. E, sem vos preocupardes com o que não podeis conhecer nem de modo algum vos pode iluminar, agi segundo vosso dever, que o conheceis.

Mas, dirá alguém, de onde vem a certeza de que este homem cometerá o pecado? A resposta é fácil: de outro modo, ele não seria este homem. Pois Deus, desde sempre, vê que haverá um Judas em cuja noção, ou na idéia que Deus tem dele, está contida esta ação livre futura. De modo que a única questão que resta é por que este tal Judas, o traidor, ganha atualidade, se era só uma possibilidade na idéia de Deus. Mas não há resposta para esta pergunta aqui embaixo, senão que se deve admitir, em geral, que, se Deus houve por bem que ele existisse, ainda que previsse seu pecado, seu mal há de ser compensado no universo

---

[41] "Bastaria não querer...": quer dizer, "Bastaria àquela alma que não quisesse pecar...".

com juros; que Deus há de tirar dele um bem maior; e que, em suma, esta sucessão de coisas que compreende a existência deste pecador é a mais perfeita entre todas as outras possíveis. Mas nem sempre se pode explicar a admirável economia desta escolha, pois somos viajantes neste mundo; e basta o saber sem compreender. Este é o momento de reconhecer a *altitudinem divitiarum*, a profundidade e o abismo da sabedoria divina[42], sem entrar em pormenores que implicariam considerações infinitas.

Vê-se claramente, porém, que Deus não é a causa do mal. Pois não só, depois da perda da inocência dos homens, o pecado original apoderou-se da alma, como antes também já havia uma limitação ou imperfeição original, conatural a todas as criaturas, que as torna capazes de pecar ou falíveis. Não há, portanto, maiores inconvenientes na explicação dos supralapsários[43] do que em outras. E eis, a meu ver, a que se deve reduzir a opinião de Santo Agostinho e outros autores, segundo a qual a raiz do mal está no nada, quer dizer, na privação ou limitação das criaturas, que Deus remedia graciosamente pelo grau de perfeição que lhe apraz dar a elas. Tal graça de Deus, seja ordinária, seja extraordinária, tem seus graus e medidas; é sempre eficaz em si mesma para produzir certo efeito proporcionado; e, além de que, é sempre suficiente não só para nos proteger do pecado, mas também para produzir a salvação, supondo que o homem contribua com ela na parte que lhe caiba. Ela, porém, não é suficiente para superar as inclinações do homem, pois de outro modo ele não se inclinaria a nada, o que se reserva somente à graça absolutamente eficaz, que é sempre vitoriosa, seja por si mesma, seja pela congruência das circunstâncias.

---

[42] *O altitudo divitiarum sapientiae et scientiae Dei* (...): Ó profundidade das riquezas, tanto da sabedoria como da ciência de Deus! Quão insondáveis são os seus juízos, e quão inescrutáveis os seus caminhos! (São Paulo aos Romanos, XI, 33).

[43] Supralapsarianismo: doutrina difundida pelo teólogo protestante francês Theodore Beza (1519-1605), para quem a salvação, e portanto a própria queda de Adão, estavam predeterminadas antes do primeiro pecado.

XXXI.

Dos motivos da eleição, da fé prevista, da ciência média, do decreto absoluto; e de que tudo se resume à razão pela qual Deus escolheu para a existência uma pessoa, entre outras possíveis, cuja noção encerra uma sucessão de graças e ações livres – o que põe fim a todas as dificuldades de uma vez

As graças de Deus, enfim, são graças totalmente puras, sobre as quais as criaturas nada podem reclamar. Mas, assim como não basta recorrer à previsão absoluta ou condicional das ações futuras dos homens para explicar as escolhas divinas na dispensação dessas graças, também não é preciso inferir decretos absolutos totalmente desprovidos de motivos razoáveis. É verdade que no tocante à fé ou às boas obras previstas, Deus só escolheu aqueles em que previu fé e caridade, *quos se fide donaturum praescivit*[44], mas a questão ressurge: por que haveria Deus de conceder a graça da fé e das boas obras mais a uns do que a outros? E quanto àquela ciência[45] de Deus, que é a previsão, não da fé e das boas ações, mas da matéria e da predisposição para elas – ou da contribuição que o homem de sua parte lhes dará (pois é certo que há diversidade da parte dos homens onde há

---

[44] Tradução: *para os quais se previu o dom da fé.*
[45] Isto é, a "ciência média", mencionada no título, termo com que alguns teólogos, especialmente Luís de Molina (1535-1600), designavam o conhecimento divino das predisposições naturais para as boas ações.

diversidade da parte da graça, e, com efeito, é necessário que o homem, embora necessite ser exortado ao bem e convertido, ainda continue a agir), a muitos parece que se poderia dizer que Deus, podendo ver o que o homem faria sem a graça ou sua assistência extraordinária, ou ao menos o que faria por si mesmo, abstraída a graça, poderia resolver-se a conceder a graça àqueles cujas disposições naturais fossem as melhores ou, ao menos, menos imperfeitas ou menos más. Mas, se assim fosse, poder-se-ia dizer que estas disposições naturais, precisamente por serem boas, também são efeito de uma graça, ainda que ordinária, como Deus privilegia uns sobre outros; e uma vez que Deus certamente sabe que os privilégios naturais que concede servirão de motivo para a graça ou assistência extraordinária, não será verdadeiro talvez que, segundo esta doutrina, tudo se reduza inteiramente à sua misericórdia?

Creio, portanto (já que não sabemos nem quanto nem como Deus considera as disposições naturais na dispensação da graça), que mais exato e seguro é dizer, segundo os nossos princípios e conforme já observei, que, entre os seres possíveis, devem necessariamente existir a pessoa de Pedro ou João, cuja noção ou idéia implica toda esta sucessão de graças ordinárias e extraordinárias e todo o resto dos acontecimentos com suas circunstâncias, e que terá sido do agrado de Deus escolhê-la, entre uma infinidade de outras pessoas igualmente possíveis, para existir atualmente. Com isso, parece que nada mais há que perguntar e que todas as dificuldades se desvanecem.

Quanto, pois, àquela única e grande questão – "por que teria Deus escolhido uma tal pessoa entre tantas outras possíveis?" –, é preciso ser muito pouco razoável para se descontentar das razões gerais que aqui apresentamos, e cujo pormenor nos escapa. Assim, em vez de recorrer a um decreto absoluto que ou não tem razão – e, portanto, é irracional – ou tem razões que não conseguem resolver a dificuldade – e, portanto, necessitam de outras razões –, o melhor é dizer, com São Paulo[46], que existem certas razões de sabedoria ou de congruência, fundadas na ordem geral, cujo fim é a maior perfeição do universo, e que, embora sejam desconhecidas dos mortais, foram observadas por Deus. Nisto se encontram os motivos da glória de Deus e da manifestação da sua justiça, como também da sua misericórdia e das suas perfeições em geral, e, enfim, daquela imensa profundidade de riquezas que extasiou a alma do mesmo São Paulo.

---

[46] V. São Paulo aos Romanos, XI, 33.

XXXII.

Utilidade destes princípios em matéria de piedade e de religião

Quanto ao mais, parece que os pensamentos que expusemos até aqui, e particularmente o grande princípio da perfeição das operações de Deus e o da noção da substância que encerra todos os seus acontecimentos com todas as suas circunstâncias, muito longe de negar, servem para confirmar a religião, para dissipar as enormes dificuldades, para inflamar as almas de um amor divino e para elevar os espíritos ao conhecimento das substâncias corpóreas, muito acima das hipóteses vistas até hoje. Pois vê-se muito claramente que todas as substâncias dependem de Deus do mesmo modo como os pensamentos emanam da nossa substância; que Deus é tudo em todos e está intimamente unido a todas as criaturas, na exata proporção da perfeição delas; e que somente ele as determina de fora por sua influência. E, assim, se agir é determinar imediatamente, pode-se dizer neste sentido, em linguagem metafísica, que só Deus opera sobre mim, e só ele me pode fazer bem ou mal, não contribuindo as outras substâncias senão na medida destas determinações, pois Deus, que as vê todas, distribui-lhes suas bondades e obriga-as a acomodarem-se entre si. Só Deus, portanto, faz a ligação e a comunicação entre as substâncias, e só por ele é que os fenômenos de uns se encontram e conciliam com os dos outros, e, conseqüentemente, existe realidade em nossas percepções. Na prática, porém, atribui-se a ação a razões particulares, no sentido que expliquei acima, porque nem sempre é necessário mencionar a causa universal nos casos particulares.

Nota-se também que toda substância tem uma perfeita espontaneidade (que se torna liberdade nas substâncias inteligentes); que tudo que lhe acontece é conseqüência de sua idéia e de seu ser; e que ninguém a determina, com a exceção de Deus. E é por isto que uma pessoa de espírito muito elevado, e cuja santidade é muito reverenciada, costumava dizer "que a alma deve sempre pensar como se só houvesse no mundo Deus e ela própria"[47].

Ora, nada permite compreender melhor a imortalidade da alma que esta independência e esta extensão que a preservam absolutamente de todas as coisas externas, uma vez que ela sozinha constitui seu mundo e, com Deus, se basta; e é tão impossível que pereça sem aniquilação[48] como é impossível que o mundo (do qual ela expressão viva e perpétua) se destrua a si mesmo; nem tampouco é possível que as mudanças desta massa extensa que chamamos nosso corpo alterem coisa alguma na alma e nem que a dissolução deste corpo destrua o que é indivisível.

---

[47] Leibniz cita Santa Teresa D'Ávila (1515-1582).
[48] Só Deus poderia aniquilar a substância e, como ele não faz isso, a alma é perene, V, § IX.

XXXIII.

Explicação da união da alma e do corpo que se tinha por inexplicável e milagrosa e da origem das percepções confusas

Tem-se, assim, o esclarecimento inopinado deste grande mistério da união da alma e do corpo, quer dizer, como é possível que as paixões e as ações de um sejam acompanhadas das ações e paixões, ou melhor, dos fenômenos próprios do outro. Porque não há meio de conceber que um tenha influência sobre o outro, e simplesmente não é razoável recorrer à operação extraordinária da causa universal em coisa ordinária e particular. Mas eis a verdadeira razão: dissemos que tudo o que acontece à alma e a cada substância é uma conseqüência de sua noção; então, a própria idéia ou essência da alma implica que todas as suas aparências ou percepções lhe devem brotar (*sponte*[49]) de sua própria natureza, e de tal modo que respondam por si mesmas ao que acontece em todo o universo, mas, mais particular e perfeitamente, ao que acontece no corpo que lhe incumbe, pois é, de algum modo e por algum tempo, por meio da relação dos outros corpos com o seu, que a alma exprime o estado do universo. Com isto também se entende de que modo nosso corpo nos pertence sem, no entanto, estar atado à nossa essência. E creio que as pessoas que sabem meditar, por serem mais aptas para ver em que consiste a ligação entre a alma e o corpo, que de outro modo

---

[49] Tradução: *espontaneamente*.

pareceria totalmente inexplicável, hão de, por isto mesmo, acolher favoravelmente estes nossos princípios.

Vê-se também que as percepções de nossos sentidos, mesmo quando claras, devem necessariamente conter algum sentimento confuso. Pois, como há simpatia entre todos os corpos do universo, o nosso recebe a impressão de todos os outros e, embora nossos sentidos se correspondam com tudo, não é possível à nossa alma apreender tudo em particular; eis porque nossos sentimentos confusos são o resultado de uma variedade de percepções absolutamente infinitas. É mais ou menos como murmúrio confuso que ouvimos quando nos aproximamos da beira do mar, proveniente da repercussão conjunta de inumeráveis ondas. Ora, se de muitas percepções (que nunca se combinam em uma só), nenhuma tem excelência sobre as outras, e se todas mais ou menos produzem impressões igualmente fortes ou igualmente capazes de determinar a atenção da alma, a alma não as pode perceber, senão confusamente.

XXXIV.

Da diferença entre os espíritos e as outras substâncias, almas ou formas substanciais; e que a imortalidade a que se aspira demanda memória

Supondo que os corpos, como o homem, formam um *unun per se*[50], que são substâncias e formas substanciais e que os animais têm almas, é-se obrigado a admitir que essas almas e essas formas substanciais não podem perecer inteiramente – precisamente como os átomos ou as últimas partes da matéria, na opinião de outros filósofos –, pois nenhuma substância perece, embora se possa transformar totalmente. Tais almas e formas substanciais, portanto, também exprimem todo o universo, embora de maneira mais imperfeita que os espíritos. Mas a principal diferença é que elas não sabem o que são nem o que fazem e, por conseguinte, não podendo fazer reflexões, não poderiam descobrir verdades necessárias e universais. E assim, precisamente por esta incapacidade de refletirem sobre si mesmas, elas não têm qualidade moral, de modo que, depois de passar por mil transformações – mais ou menos como vemos uma lagarta transformar-se em borboleta –, no tocante à moral ou prática, poder-se-ia dizer que perecem, ou até mesmo fisicamente, do mesmo modo que dizemos que os corpos perecem por sua corrupção. Já a alma inteligente, por saber o que é, e podendo dizer este *eu*, que diz muito, não só permanece, e metafisicamente subsiste, muito mais que as outras, como também permanece moral-

---
[50] Tradução: *um todo por si*.

mente a mesma e desempenha a mesma personagem. Porque é a recordação ou o conhecimento deste *eu* que torna a alma suscetível de castigo ou recompensa. Assim, a imortalidade a que se aspira na moral e na religião não consiste naquela subsistência perpétua que é própria de todas as substâncias, pois, sem a memória do que fomos, não haveria nela nada a que aspirar. Suponhamos que um sujeito comum deva tornar-se de repente o rei da China, mas com a condição de esquecer quem foi, como se tivesse nascido de novo; não seria isso, na prática, o mesmo que ele ser aniquilado e, ao mesmo tempo, surgir um rei da China em seu lugar? Não há razão alguma para o sujeito desejar isto.

XXXV.

Excelência dos espíritos e que Deus lhes dá preferência às demais criaturas. Que os espíritos exprimem mais Deus do que o mundo, e as outras substâncias, mais o mundo do que Deus

Mas, para que se possa entender por razões naturais que Deus conservará não só a nossa substância como também a nossa pessoa, quer dizer, a memória e o conhecimento do que somos (*embora* o conhecimento distinto fique às vezes suspenso durante o sono ou quando desmaiamos), é preciso unir a moral à metafísica, ou seja, é preciso considerar Deus não só como o princípio e a causa de todas as substâncias e de todos os seres, mas também como o regente de todas as pessoas ou substâncias inteligentes, e como o monarca absoluto da mais perfeita cidade ou república, que é a do universo, composta da união de todos os espíritos, sendo o próprio Deus o mais completo de todos os espíritos e, portanto, o maior de todos os seres. Porque, seguramente, os espíritos são os seres mais perfeitos e os que melhor exprimem a divindade. Pois se a natureza, o fim, a virtude e a função das substâncias consistem tão-somente na expressão de Deus e do universo, como já foi suficientemente explicado, não há dúvida que as substâncias que exprimem conscientemente o que fazem, e que são capazes de conhecer grandes verdades acerca de Deus e do universo, hão de exprimi-los incomparavelmente melhor que aquelas naturezas brutas ou incapazes de conhecer verdades, ou de todo destituídas de sentimento e consciência. E a diferença entre as substâncias inteligentes e as que o não são é tão grande quanto a que existe entre o espelho e aquele que o mira.

E como o próprio Deus é o maior e o mais sábio dos espíritos, é fácil supor que os seres com os quais ele pode, por assim dizer, entrar em conversação e mesmo em sociedade, comunicando-lhes seus sentimentos e vontades de maneira particular, e de tal modo que eles possam conhecer e amar seu benfeitor, o possam interessar infinitamente mais que o resto das coisas, que só se podem ver como instrumentos dos espíritos. É como o que notamos nas pessoas sábias, que dispensam muito mais atenção a um homem que a qualquer outra coisa, por mais preciosa que seja. E parece que a maior satisfação que uma alma, quanto ao mais satisfeita, pode ter, é ver-se amada por outras; embora, em se tratando de Deus, exista uma diferença: a glória dele e o nosso culto nada poderiam acrescentar à satisfação de Deus, pois o conhecimento das criaturas não é mais que uma conseqüência da sua soberana e perfeita felicidade, bem longe, portanto, de contribuir para ela ou de em parte causá-la. Contudo, o que é bom e razoável nos espíritos se encontra eminentemente nele, e assim como louvaríamos um rei que preferisse poupar a vida de um homem à do mais precioso e raro de seus animais, assim também não deveríamos duvidar que o mais justo e esclarecido dos monarcas fosse dotado do mesmo sentimento.

XXXVI.

Deus é o monarca da mais perfeita república composta e de todos os espíritos, e a felicidade desta cidade de Deus é seu principal desígnio

Os espíritos, com efeito, são substâncias mais suscetíveis de perfeição, e está entre suas perfeições o se obstruírem ao mínimo, ou melhor, o se auxiliarem ao máximo, pois só os mais virtuosos podem ser os mais perfeitos amigos. De onde manifestamente se segue que Deus, que sempre procura a maior perfeição, será o espírito que sempre zelará mais pelos outros espíritos, e aquele que lhes dará, não só a todos de um modo geral, mas a cada um em particular, o máximo de perfeição que a harmonia universal permitir.

Pode-se dizer até que, por ser um espírito, é que Deus deu origem às existências. Pois se, ao contrário, lhe tivesse faltado a vontade de escolher o melhor, não haveria razão alguma para que um possível existisse de preferência aos outros. Assim, a qualidade de que o próprio Deus é um espírito precede todas as considerações que sobre ele se podem fazer no tocante às criaturas. Só os espíritos são feitos à sua imagem, e quase de sua raça ou de seu sangue, pois só eles o podem servir com liberdade e agir conscientemente imitando a natureza divina: um só espírito vale o mundo todo, não só porque o exprime, mas também porque o conhece, e nele se governa à maneira de Deus. De modo que parece que, embora toda substância exprima o universo inteiro, as outras substâncias exprimem mais o mundo do que Deus, enquanto os espíritos exprimem mais Deus do que o mundo. E esta natureza tão nobre dos espíritos, que os torna, entre as simples criaturas, as mais próximas da divindade, faz com que Deus tire deles infinitamente mais glória que dos outros seres, ou melhor, que os outros seres não dêem mais do que a matéria de que o espírito se glorifica.

Eis por que aquela qualidade moral de Deus, que faz dele senhor ou monarca dos espíritos, o refere, por assim dizer, pessoalmente, de um modo muito particular. É aí que ele se humaniza, suscita antropologias e entra em sociedade conosco, como um príncipe com seus súditos. E esta consideração lhe é tão cara que o feliz e florescente estado de seu império, que consiste na maior felicidade possível dos seus habitantes, se torna sua lei suprema. Pois a felicidade é para as pessoas o que a perfeição é para os seres. E se o primeiro princípio da existência do mundo físico é o decreto que lhe concede a máxima perfeição possível, o primeiro desígnio do mundo moral, ou da cidade de Deus, que é a parte mais nobre do universo, deve ser esparzir a máxima felicidade possível.

Não se deve, portanto, duvidar de que Deus ordenou tudo de modo que os espíritos possam, não só viver para sempre – o que é infalível –, como também conservar sua qualidade moral, para que sua cidade não perca pessoa alguma, assim como o mundo físico não perde substância. E, por conseguinte, eles saberão para sempre quem são. Pois, de outro modo, não seriam suscetíveis de recompensa ou castigo, o que, no entanto, é da essência de uma república, ainda mais da mais perfeita, onde nada poderia ser negligenciado.

Enfim, sendo Deus ao mesmo tempo o mais justo e o mais bondoso dos monarcas, e nada mais pedindo além de boa vontade, contanto que ela seja sincera e séria, seus súditos não poderiam desejar melhor condição: para fazê-los totalmente felizes, Deus só solicita que o amem.

XXXVII.

Jesus revelou aos homens o mistério e as leis admiráveis do reino dos céus e a grandeza da suprema felicidade que Deus prepara para os que o amam

Os antigos filósofos conheceram muito pouco estas importantes verdades; só Jesus Cristo as exprimiu divinamente bem, e de maneira tão clara e familiar, que até os espíritos mais brutos as apreenderam. Também seu Evangelho mudou inteiramente a face das coisas humanas; fez-nos conhecer o reino dos céus ou essa perfeita república dos espíritos que merece o título de cidade de Deus, cujas leis admiráveis nos revelou. Ele só nos fez ver o quanto Deus nos ama, e com que exatidão proveu tudo o que nos toca[51]: que, em zelando pelos pássaros, ele jamais negligenciará as criaturas racionais, que lhe são infinitamente mais caras; que os cabelos de nossa cabeça estão todos contados; que perecerão o céu e a terra antes que seja mudada a palavra de Deus e o que pertence à economia de nossa salvação; que Deus tem mais diligência para com a menor das almas inteligentes do que para com toda a máquina do mundo; que não devemos temer os que podem destruir os corpos, mas não podem molestar as almas, pois somente Deus as pode fazer felizes ou infelizes, e que as almas dos justos nas mãos de Deus estão ao resguardo de

---

[51] A partir deste ponto, Leibniz faz referência a várias passagens do Novo Testamento. V. Mateus (V, 18; VI, 26; XIII, 43), Lucas (XII, 4-5; 6; 7), Romanos (XVIII, 28), I Coríntios (II, 9).

todas as revoluções do universo, pois só Deus pode agir sobre elas; que nenhuma de nossas ações é esquecida; que tudo é levado em conta, até as palavras ociosas ou uma colherada de água bem empregada; enfim, que tudo deve resultar no bem maior dos bons; que os justos serão como os sóis, e que nem os nossos sentidos nem o nosso espírito jamais experimentaram nada parecido com a felicidade que Deus prepara para aqueles que o amam.

IMPRESSO NA

sumago gráfica editorial ltda
rua itauna, 789   vila maria
02111-031   são paulo   sp
telefax 11 **6955 5636**
sumago@terra.com.br

GRÁFICA
sumago